essentials

essentials liefern aktuelles Wissen in konzentrierter Form. Die Essenz dessen, worauf es als „State-of-the-Art" in der gegenwärtigen Fachdiskussion oder in der Praxis ankommt. *essentials* informieren schnell, unkompliziert und verständlich

- als Einführung in ein aktuelles Thema aus Ihrem Fachgebiet
- als Einstieg in ein für Sie noch unbekanntes Themenfeld
- als Einblick, um zum Thema mitreden zu können

Die Bücher in elektronischer und gedruckter Form bringen das Expertenwissen von Springer-Fachautoren kompakt zur Darstellung. Sie sind besonders für die Nutzung als eBook auf Tablet-PCs, eBook-Readern und Smartphones geeignet. *essentials:* Wissensbausteine aus den Wirtschafts-, Sozial- und Geisteswissenschaften, aus Technik und Naturwissenschaften sowie aus Medizin, Psychologie und Gesundheitsberufen. Von renommierten Autoren aller Springer-Verlagsmarken.

Weitere Bände in der Reihe http://www.springer.com/series/13088

Florian C. Kleemann

Agiler Einkauf

Mit Scrum, Design Thinking & Co. die
Beschaffung verändern

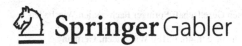

Florian C. Kleemann
Hochschule München
München, Deutschland

ISSN 2197-6708   ISSN 2197-6716   (electronic)
essentials
ISBN 978-3-658-31941-0   ISBN 978-3-658-31942-7   (eBook)
https://doi.org/10.1007/978-3-658-31942-7

Die Deutsche Nationalbibliothek verzeichnet diese Publikation in der Deutschen Nationalbibliografie; detaillierte bibliografische Daten sind im Internet über http://dnb.d-nb.de abrufbar.

Planung/Lektorat: Susanne Kramer
Springer Gabler ist ein Imprint der eingetragenen Gesellschaft Springer Fachmedien Wiesbaden GmbH und ist ein Teil von Springer Nature.
Die Anschrift der Gesellschaft ist: Abraham-Lincoln-Str. 46, 65189 Wiesbaden, Germany

Was Sie in diesem *essential* finden können

- Analyse zur Notwendigkeit agiler Methoden in der „VUCA-Welt"
- Übersichtliche Einführung in die Vielfalt agiler Methoden, mit speziellem Bezug zum Einkauf
- Kompakte Einschätzung zu Einsatzpotentialen im Einkaufsumfeld
- Gestaltungsmöglichkeiten zur Weiterentwicklung des Einkauf im Spannungsfeld dynamischer Umfeldentwicklungen, Unsicherheit oder Digitalisierung
- Systematisierung und Struktur der Agilität für Projekte, Prozesse, Innovation und Organisation

Vorwort

Liest man die Einleitungsworte in Managementbüchern der letzten Jahrzehnte, so geht es nahezu phrasenartig fast immer um „erhöhten Wettbewerbs- und Kostendruck" oder gerne auch „hohe Komplexität und Dynamik". Sodann werden mehr oder minder umsetzbare Handlungsempfehlungen entwickelt, *was* für Schritte Unternehmen einleiten müssen, um hierauf zu *reagieren*. Außen vor bleibt, dass ganz offensichtlich *Veränderung* die einzige echte Konstante ist. Zudem passen sich Organisationen oft viel langsamer an, als der vermeintliche Handlungsdruck vermittelt: Kaum hat man ein Reorganisations-Projekt abgeschlossen, steht schon das nächste vor der Tür. Ob sich die Welt nun tatsächlich „schneller dreht" als früher, vermag ich als betriebswirtschaftlicher Autor nicht zu sagen. Physikalisch gibt es dafür keinen Beleg. Insofern ist es vielleicht langfristig sinnvoller, Wandel als konstant anzunehmen und sich zu überlegen, *wie* man mit dieser Erkenntnis umgeht und nicht *was* zu tun ist, um auf den letzten Veränderungsschub zu reagieren. Genau hier setzen agile Methoden an: Sie haben das Ziel, Projekte bzw. Veränderungsprozesse dynamischer zu gestalten, indem schneller und flexibler agiert wird. Dabei ist Agilität, trotz ihrer Ursprünge im IT-Bereich, unabhängig von einzelnen Funktionsbereichen. Das bedeutet aber nicht, dass eine funktionsspezifische Betrachtung keinen Mehrwert bringt. Viel eher kann man dadurch die Akzeptanz und Umsetzung beschleunigen. Eine solche Betrachtung für Einkauf und Beschaffung existiert bisher nicht. Dieses *essential* soll daher einen Beitrag leisten, diese Lücke zu schließen. Aufgrund der hohen Dynamik und Vielfalt, ggf. der fehlenden Abgrenzung, im Umfeld der agilen Methoden war dabei Vollständigkeit nicht der zwingende Anspruch, doch aber ein Ansporn für einen ersten fundierten Überblick.

Persönliches Interesse auf Autorenseite ist eine Grundvoraussetzung, um diese Zielsetzung realisieren zu können. Mindestens ebenso wichtig ist jedoch der Dialog mit weiteren Interessierten und Experten. Bei diesen möchte ich mich hier an erster Stelle bedanken: Philipp Fuchs, Johannes Hanbücken, Christian Humbold, Christoph Maier, Philipp Saile, Tanja Schmitt und Julia Sprung. Ein Dankeschön geht – zum wiederholten Male – an Susanne Kramer vom Springer Verlag, für das stets offene Ohr gegenüber meinen Publikationsideen, sowie an Alicia Eckl sowie Ronja Frühbeis für die Unterstützung bei der Ausarbeitung des Manuskripts. Den wichtigsten Beitrag leistet aber mein familiäres Umfeld – in München wie in der neuen Heimat Luizhausen. Ich bin Euch zu tiefem Dank verpflichtet für Verständnis, Entlastung – und den einen oder anderen „GinTo" für den freien Kopf … Bei dieser Gelegenheit möchte ich jedoch ein Familien-mitglied hervorheben: meinen Bruder Andreas, selbst in der IT-Branche tätig und damit vielleicht die „Keimzelle" für dieses *essential*. Daher: Andes, Lieblings-bruder – Dir widme ich dieses Buch ☺.

Ein letzter Hinweis: Ich schätze die Vielfalt der „Einkaufs-Community" und will diese – auch mit diesem Buch – fördern. Aus Gründen der Lesbarkeit habe ich aber auf eine geschlechterspezifische Ansprache weitestgehend verzichtet und bitte hierfür um Verständnis.

München/Luizhausen   Florian C. Kleemann
im Sommer 2020

Zusammenfassung

In hochdynamischen Zeiten müssen Unternehmen flexibler agieren als je zuvor. In den letzten Jahren haben sich „agile Methoden" zu einem zentralen Lösungsansatz für die so entstehenden Herausforderungen entwickelt. Ursprünglich in der Software-Entwicklung entstanden, werden die Ansätze mittlerweile in vielen Funktionsbereichen eingesetzt. Entsprechende Möglichkeiten ergeben sich so auch im Einkauf. Doch welche Ansätze gibt es, wie stehen diese zueinander und wo genau kann man sie nutzen? Diesen Fragen geht dieses *essential* in strukturierter und kompakter Form nach, um so die Weiterentwicklung hin zu einem „agilen Einkauf" zu ermöglichen.

Inhaltsverzeichnis

Agile Methoden im Einkauf – ein Überblick

1

Agilität bewegt Unternehmen. Das einleitende Kapitel knüpft den Zusammenhang zwischen der Bedeutung agiler Methoden sowie der Rolle des Einkaufs im Umfeld zentraler Managementherausforderungen im 21. Jahrhundert. Zudem werden die Ziele des Buches aufgeführt. Als Grundlage für eine detaillierte Betrachtung wird dann die Rolle des Einkaufs im Umfeld von Digitalisierung und Industrie 4.0 herausgearbeitet. Darauf folgt eine Darstellung der Hintergründe des agilen Managements sowie die Entwicklung einer Übersicht der zugehörigen Methoden.

1.1 Agilität – Hype oder Strategie?

Wer sich in den letzten Jahren intensiv mit dem Einkauf und seiner Evolution beschäftigt hat, kommt nicht umhin, eine veränderte Dynamik wahrzunehmen (Kleemann und Glas 2020): Ein neues Selbstverständnis; eine lebendigere Kultur, in der sogar Start-ups Platz finden; der Anspruch, aktiv Innovationen ins Unternehmen einzubringen; eine treibende Rolle in der digitalen Transformation als „Einkauf 4.0" – und nun noch Agilität?

Manche Einkäufer zucken mit den Schultern – und tun dies als einen weiteren (?) Hype ab. Ganz wie es schon die Digitalisierung im Umfeld der Industrie 4.0 waren – oder eben doch nicht? Mittlerweile würde wohl kaum jemand die „digitale Revolution" bestreiten, selbst wenn die gesetzten Ziele oft noch nicht erreicht sind. Natürlich liefert an dieser Stelle, wie so oft, der Blick in die Vergangenheit keine belastbare Basis für eine Zukunftsprognose. Und doch wäre es falsch, sich nicht mit den agilen Methoden zu beschäftigen. Will der Einkauf die – seit rund 25 Jahren propagierte – Wandlung zur strategischen Funktion vollziehen, muss er sich auch mit aktuellen, vielleicht noch nicht vollständig ausgereiften Themen beschäftigen (Legenvre und Gualandris 2018). Immerhin gehört zur strategischen Relevanz die Schaffung von Wettbewerbsvorteilen. Diese sind wiederum ohne „Pioniergeist" nicht zu erreichen. Das heißt, selbst wenn „agile Methoden" nicht dauerhaft auf breiter Basis zum Einsatz kommen sollten, darf dies kein Grund sein, sich (im Einkauf) überhaupt nicht damit zu beschäftigen.

Solange der Einkauf nur untergeordnet in unternehmensweite, strategische Entscheidungen eingebunden wird, hat er keine Möglichkeit mitzubestimmen, wie auf Veränderungen im Umfeld des Unternehmens – in Politik, Gesellschaft sowie *Märkten* (und damit Kunden) – (re)agiert wird. Dazu kommt, dass dieses Umfeld als zunehmend vielschichtiger und dynamischer wahrgenommen wird. Im Schlagwort „VUCA"[1] zusammengefasst bedeutet dies, dass sich Organisationen immer stärker auf eine höhere Komplexität der externen Kräfte bei gleichzeitig steigender Unsicherheit einstellen. Der Schlüssel hierzu wird von vielen in agilen Methoden gesehen (Sauter et al. 2018). Insofern stellt sich eher die Frage, warum sich der Einkauf, als zentrale Schnittstelle zu den Beschaffungs*märkten, nicht* damit beschäftigen sollte. Die durch ihn verantworteten Liefernetzwerke tragen bekanntermaßen erheblich zur Leistungserstellung von Unternehmen bei, die zugelieferten Produkte und Services sind mithin unverzichtbar (Fernandez und Fernandez 2008).

Es lässt sich also feststellen werden, dass agile Methoden auch für den Einkauf, zumindest in einem strategischen Verständnis der Funktion, relevant sind. Allerdings hat diese Erkenntnis noch nicht dazu geführt, eine gezielte Betrachtung der Übertragung auf den Einkauf vorzunehmen. Genau hier soll dieses *essential* ansetzen. Ziel ist ein kompakter Überblick über die Zusammenhänge von Einkauf und Agilität. Eine nachvollziehbare Struktur, greifbare Anwendungsmöglichkeiten und eine analytische Betrachtung der gängigsten Instrumente sollen dies ermöglichen. Ein Reifegrad-Ansatz zur vereinfachten Implementierung rundet diese Zielsetzung ab. Dabei sollte klar sein, dass die Dynamik im Themengebiet dazu führt, dass nicht alle (vermeintlich) agilen Konzepte behandelt werden können. Andererseits sind auch Ansätze beschrieben,

---

[1]VUCA (engl.) steht für Volatilität, Unsicherheit, Komplexität und Ambivalenz (Mack und Khare 2016). Die Annahme, dies sei ein neues Verständnis aus dem Umfeld der digitalen Revolution ist jedoch falsch. Erstmals verwendet wurde der Begriff vielmehr Anfang der 1980er Jahre.

die nicht im definitorischen Sinne zu den agilen Methoden gehören, jedoch in deren Verbreitung mitentstanden sind. Zudem werden die vorgestellten Konzepte angesichts des begrenzten Umfangs nicht zu detailliert erläutert. Vielmehr geht es um erste Eindrücke, die ggf. mittels der angegebenen Quellen nach Bedarf zu vertiefen sind.

Im Vordergrund steht also ein fokussierter Leitfaden, der in diesem Fall überwiegend deduktiv entwickelt worden ist: Es gilt, das umfassende Wissen zur Agilität auf den Einkauf zu übertragen – und nicht, empirisch fundiert einen „neuen Einkauf" nachzuweisen. Dem folgt auch der Aufbau dieses Buches. In der Folge von Kap. 1 werden zunächst Grundlagen des Einkaufs im Umfeld von VUCA und Digitalisierung als Treiber agiler Organisationsformen behandelt. Außerdem werden Entstehung und Inhalt der agilen Methoden nachvollzogen sowie eine Grundstruktur zu deren Darstellung entwickelt. Kap. 2 stellt wesentliche Ansätze des agilen Projektmanagements vor. Im Anschluss behandelt Kap. 3 Ansätze des Innovationsmanagements im Kontext agiler Methoden. Das nachfolgende Kap. 4 beschäftigt sich mit Fragestellungen der organisatorischen Agilität im Einkauf. Zum Schluss umfasst das Kap. 5 neben einer kurzen Zusammenfassung noch ein Reifegradmodell, sowie Handlungsempfehlungen für die Umsetzung eines „agilen Einkaufs" samt Ausblick.

1.2   Einkauf im Umfeld von Agilität

Geht man von den klassischen Definitionen des Einkaufs aus – nämlich als Funktion zur Versorgung eines Unternehmens mit allen nicht selbst hergestellten Gütern und Dienstleistungen (Arnold 1997) – so lässt sich zunächst einmal feststellen, dass hier „Agilität" nicht spezifisch erwähnt wird. Warum sollte sich der Einkauf also überhaupt damit beschäftigen?

Vollzieht man die Entwicklung der Funktion nach, so ist eine zunehmende strategische Relevanz generell und eine neue Interpretation der Rolle des Einkaufs im Speziellen festzustellen. Der Anspruch, dass nicht nur die (operative) Versorgung mit eigentlichen Leistungen von Lieferanten (z. B. Modulgruppen, Rohstoffe) durch den Einkauf sicherzustellen ist, ist dabei keineswegs neu. Konzepte wie das „Early Supplier Involvement" betonen diese Integration beschaffungsmarktseitiger Innovationen schon seit den 1990er Jahren (Birou und Fawcett 1994). Zudem sind Innovationen nicht auf produktbezogene Neuerungen beschränkt, sondern umfassen ebenso Prozesse bzw. Methoden (Ettlie und Reza 1992). Daraus lässt sich schließen, dass „agile Methoden" eine für die Beschaffung relevante Neuerung sind.

Doch vor allem die Entwicklung der Digitalisierung in jüngerer Zeit hat dem Thema des agilen Managements deutlichen Auftrieb verschafft (Lindner und Amberg 2019). Da die Digitalisierung wiederum den Einkauf stark beeinflusst (Schupp und Wöhner 2018), liegt es nahe, das Thema Agilität in diesem Zusammenhang ebenfalls zu betrachten. Erwartet werden im Einkauf – neben neuen IT-Technologien – unter anderem eine stärkere unternehmensstrategische Ausrichtung, eine dynamischere Führungskultur, veränderte Lieferantenbeziehungen, adaptierte Prozesse oder eine deutlich aktivere Rolle im Innovationsmanagement – letztendlich also ein völlig neues Organisationsverständnis (Kleemann und Glas 2020). Darin lässt sich auch der Anspruch nach Anwendung neuer Methoden und Prinzipien erkennen.

Ein weiterer Treiber für mehr Agilität liegt im immer stärker projektbasierten Arbeiten, nicht zuletzt im Einkauf (Hillberg 2017). Aufgrund seiner Schnittstellenfunktion liegt dies sogar nahe – als Mitglied in Projektteams (z. B. bei Cost Engineering-Initiativen), als Leiter solcher Teams (z. B. für Global Sourcing-Implementierung) oder spezifisch als Projekteinkäufer (Büsch 2013). In diesem Zusammenhang ergeben sich zudem neue Anforderungen an die Mitarbeiterfähigkeiten (Diekmann und Fröhlich 2016) – womit wiederum der Bezug zu Themen wie agiler Führung und „New Work" deutlich wird.

Demnach kann man sowohl die Rolle des Einkaufs als Schnittstelle zu den (Innovationen der) Beschaffungsmärkte, ebenso wie die Digitalisierung und Einkauf 4.0, als auch die zunehmende Bedeutung von Projektmanagement im Einkauf als zentrale Treiber der Bedeutung agiler Methoden in der Beschaffung ansehen (siehe Abb. 1.1).

Trotz der erkennbaren Bedeutung gibt es noch keine strukturierten Ansätze zum konkreten Einsatz agiler Methoden im Einkauf. Eher wurde „Agilität"[2] als neuer Grundwert für die Einkaufsorganisation dargestellt, ohne konkreter in die Anwendung zu gehen (Schuh et al. 2011). Dabei zeigen jüngere Studien eindeutig, wie wichtig das Thema im Einkauf ist (Holschbach et al. 2020; sowie Komus und Kassner 2019). Es wird sogar konkret herausgearbeitet, in welchen Einkaufsprozessen (vor allem Bedarfsmanagement) und bei welchen Beschaffungsobjekten (vor allem Dienstleistungen) welche agilen Methoden schwerpunktmäßig zum Einsatz kommen. Eine vertiefende Betrachtung, welche davon am besten geeignet und wie diese anzuwenden sind, erfolgt jedoch nicht.

---

[2]Agilität wird im Unternehmensumfeld als Wert verstanden, nachdem sich Organisationen als schnell wandelbar und anpassungsfähig zeigen (Scheller 2017).

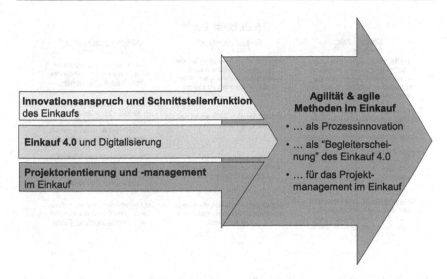

Abb. 1.1   Treiber von Agilität im Einkauf. (Eigene Darstellung)

Um genau hierfür eine Basis zu schaffen, werden im folgenden Abschnitt die Grundlagen aufgearbeitet.

1.3   Grundlagen agiler Methoden

In der Entstehung des Themenfeldes liegt eventuell ein Grund für die lange eher abschätzige Hype-Beurteilung der agilen Methoden: Initial wurden sie nämlich Ende der 1990er als „leichtgewichtige Methoden" bezeichnet (Scheller 2017). Was zunächst als Kritik („Bruder Leichtfuß") anmutet, ist wenn überhaupt als Gegenentwurf zu den damals vorherrschenden und bis heute üblichen, „klassischen" Projektmanagement- und Entwicklungsansätzen zu verstehen. Diese wurden für dynamische Vorhaben (konkret: Softwareentwicklung), während denen oft Neuland betreten wird, als ungeeignet aufgefasst: zu rigide, zu problemzentriert und zu sehr in Bekanntem verharrend (Fernandez und Fernandez 2008). Die später in „agile" Methoden umbenannte Herangehensweise dagegen propagiert mittels des bekannten „Agile Manifesto" (Beck et al. 2001) u. a. eine stärkere *Kunden- bzw. Ergebnisorientierung,* Offenheit gegenüber (Plan-)Änderungen bei höherer zeitlicher *Dynamik bzw. Flexibilität* sowie

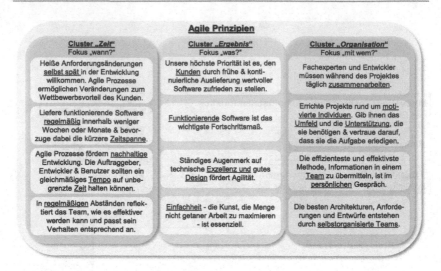

Abb. 1.2 Agile Prinzipien – Agile Cluster. (Eigene Darstellung mit Bezügen zu Beck et al. 2001)

intensiven crossfunktionalen, *persönlichen Austausch.* Damit lassen sich aus dem „Manifest" drei Schwerpunktbereiche („Agile Cluster" ableiten – eine **Ergebnisdimension** (Qualität/Innovation), eine **Zeitdimension** (Dynamik/Flexibilität) sowie eine **Organisationsdimension** (Austausch). Um die agile Herangehensweise umsetzungsorientierter zu gestalten, wurden zwölf Prinzipien formuliert. Diese lassen sich bei analytischer Betrachtung der soeben eingeführten „Agilen Cluster" relativ präzise zuordnen (siehe Abb. 1.2; zur Methodik der Zuordnung Boyatzis 1998).

Auf diesen Grundsätzen sind nach und nach zahlreiche Rahmenwerke, Konzepte, Instrumente und Tools entstanden.

Die Tatsache, dass es sich um ein Manifest, also eine öffentliche Erklärung, und nicht einen wissenschaftlich fundierten Beitrag handelt, erklärt dabei, warum es so schwer ist, eine abschließende Eingrenzung dessen vorzunehmen, was „agil" ist: Es war schlicht nie die Absicht etwas eindeutig zu beschreiben. Gerade diese universelle, fast schon philosophische, Ausrichtung könnte vielmehr der Grund sein, dass die Ideen mittlerweile so viele Management-Bereiche, weit über die IT-Ursprünge hinaus, erreicht haben (Komus und Kuberg 2020).

Neben der Flexibilität an sich gibt es konkrete Gründe bzw. Ziele, warum agile Methoden so populär sind (Komus und Kuberg 2020; Zillmann 2019): Mit Beschleunigung, Transparenz und Priorisierung von Projektvorhaben (96, 69 und

65 %; *Zeit*), erhöhter Qualität (62 %; *Ergebnis*) sowie verbesserter Mitarbeiterzufriedenheit und positiver Außenwirkung (58 bzw. 50 %; *Organisation*) sind nicht nur klare Tendenzen erkennbar. Es sind auch die drei „Agile Cluster" zu erkennen (siehe indikative Zuordnung, neben den Prozentwerten aus Komus und Kuberg 2020).

Schon aus den Chancen bzw. Vorteilen ließen sich wesentliche Rückschlüsse auf den Einsatz agiler Methoden im Einkauf herleiten. Hierfür benötigt man allerdings konkrete Anwendungen. Diese abschließend zu benennen ist dabei aufgrund der konzeptionellen Flexibilität des „Agilen Manifests" kaum möglich. Gewisse Trends sind jedoch unverkennbar und lassen sich zumindest indikativ den „Agile Clusters" zuordnen. Ansätze wie KANBAN oder Scrum dienen dabei primär einem transparenten Projektfortschritt (Hartel 2019) und gehören somit der **Zeitdimension** an. Design Thinking oder geschäftsmodellorientierte Ansätze dienen eher Innovation und Kundenmehrwert (Müller 2017). Diese und ähnlich ausgelegte Konzeptionen wären daher der **Ergebnisdimension** zuzurechnen. „Agile Leadership" oder „New Work" gehören schließlich, wie der Name bereits nahelegt, zu den Bereichen Arbeits*umfeld* bzw. *-atmosphäre (Zink 2019),* damit zur **Organisationsdimension.** Auf dieser Basis wird bereits ein wesentliches Ziel dieses Buches erreicht: eine Strukturierung gängiger agiler Methoden in einem nachvollziehbaren Überblick (siehe Abb. 1.3).

Auch hier wird keine Vollständigkeit der Darstellung beansprucht – zu dynamisch ist das Themenfeld. Mit dieser Darstellung wird nichtsdestotrotz ein konzeptionell valider Ordnungsrahmen geschaffen, der eine grundlegende Transparenz und Abgrenzung erreicht. Dementsprechend folgt der weitere Aufbau dieses *essentials* der entwickelten Logik „Agile Cluster". Innerhalb der nachfolgenden Kapitel werden jeweils die wichtigsten Methoden kurz vorgestellt und auf Anwendungspotenziale im Einkauf hin untersucht, abgerundet durch eine knappe systematische Bewertung („Agile Methodenprofile").

Übersicht
- Einkauf im Zuge der Industrie 4.0 mit neuem Verständnis (Fokus Innovation, Mehrwert etc.) durch Digitalisierung, Projektorientierung etc.
- Agile Methoden nicht einheitlich definiert und abgegrenzt; Clusterung in Zeit-, Ergebnis- oder Organisationsdimension möglich

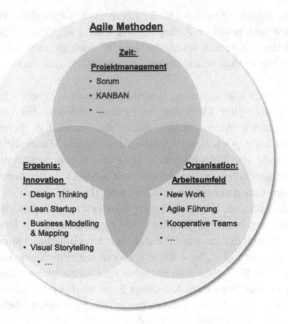

Abb. 1.3 Strukturierung „Agile Methoden"

Agiles Projektmanagement im Einkauf 2

Agile Methoden verändern nicht unbedingt die Kernaufgaben des Einkaufs – also *was* er tut –, sondern *wie* er es tut. Mit Scrum und KANBAN werden die gängigsten Ansätze des agilen Projektmanagements erläutert und auf Einsatzbereiche im Einkauf übertragen.

2.1 Scrum – Sprints für die Beschaffung?

Der etwas ungewöhnliche Begriff „Scrum" kommt ursprünglich aus dem Teamsport Rugby – durchaus eine Indikation für diesen Ansatz. Teamplay und Dynamik stehen im Vordergrund! Ausgangspunkt ist ein Projektauftrag, der zwar im Ergebnis hinreichend klar, jedoch vor allem in der Gestaltung der Ausarbeitung nicht strukturiert ausgeplant ist (siehe Gloger 2016 für die grundlegenden Ausführungen zu Scrum, ähnlich Kusay-Merkle 2018). Die wesentlichen Anforderungen („Story Cards") an das Projekt sind im „Product Backlog" zu sammeln – initial, sowie fortlaufend entlang des Projekts. Veränderungen und Ergänzungen sind also explizit vorgesehen. Die Anforderungen werden dann gemäß ihrer dynamischen Priorisierung in sogenannten „Sprints" – festen Zeitkorridoren im Projektverlauf – zusammengefasst („Sprint Planning") und fokussiert bearbeitet („Sprint Backlog"). Die Fokussierung wird durch „Daily Scrums", also ggf. tägliche Projektteammeetings, erreicht. Dort berichtet jedes Teammitglied über seine jeweiligen Fortschritte seit dem letzten „Daily", stellt aber auch Herausforderungen zur gemeinsamen (Lösungs-)Diskussion. Ziel ist es, am Ende jeder Sprint-Phase ein konkretes Zwischenergebnis zu haben – das „Product Increment". Der „Review" am Ende jeden Sprints dient der Vorstellung dieser Ergebnisse. Das wiederum ergibt die Grundlage für die Aktualisierung

© Der/die Autor(en), exklusiv lizenziert durch Springer Fachmedien Wiesbaden GmbH, ein Teil von Springer Nature 2020
F. C. Kleemann, *Agiler Einkauf,* essentials,
https://doi.org/10.1007/978-3-658-31942-7_2

des vorgenannten Backlogs, was daraufhin die Planungsbasis für den nächsten Sprint bildet. Wichtig ist ebenfalls der explizit vorgesehene Lernprozess, vor allem durch eine „Sprint Retrosprective", in der eine Reflexion zu Methoden und Teamarbeit stattfindet. Ausgehend vom „Product Owner", dem ergebnisverantwortlichen Stakeholder (quasi „Kunde"), trägt das „Scrum Team" das Projekt eigenständig. Dieses Team ist für vorbeschriebenen Prozess in Bearbeitung, Kommunikation und Steuerung weitgehend eigenverantwortlich. Der „Scrum Master" hat lediglich beratende und unterstützende Funktion für methodische Fragen. Der Aspekt der Selbstorganisation des Teams steht, in Kombination mit der hohen Transparenz, klarer Kunden- und Ergebnisorientierung sowie starker inhaltlicher und zeitlicher Dynamik im Vordergrund von „Scrum".

Das Konzept erfreut sich dabei in der Praxis hoher Popularität, sodass sich verständlicherweise die Frage nach einem Einsatz im Einkauf stellt. Grundsätzlich lässt sich sagen, dass die Methode (oder Rahmenwerk, wie die Urheber betiteln) durchaus Potenziale in diesem Bereich bereithält (Lebuhn 2017).

Infrage kommen zunächst typische Projektanwendungen – einmalige, oft komplexe Vorhaben. Liegen zum Beispiel für ein neuartiges IT-Projekt wie Softwareentwicklung noch kein klares Bedarfsprofil oder Leistungsbeschreibung vor, ist Scrum ein Weg, schrittweise eine funktionsorientierte Spezifikation zu entwickeln. Dies erfolgt in Kooperation mit dem Bedarfsträger. Bezieht man noch (potenzielle) Lieferanten mit ein, ist sogar die von Scrum begleitete, dynamische Erbringung der Leistung denkbar. In solchen Fällen ist jedoch analog auch ein dynamischer Vertrag zu entwickeln. Es gibt ja kein, wie in klassischen Verträgen, vorab fix festgelegtes, abzuarbeitendes Pflichtenheft mit entsprechenden Vergütungsmechanismen.

Weitere Einsatzgebiete sind ebenfalls entwicklungsnahe Beschaffungsvorhaben. So ist es zum Beispiel im Anlagenbau oder dem Investitionsgütereinkauf meist kaum möglich, zu Projektbeginn eine vollumfängliche Leistungsbeschreibung zu entwickeln. Ähnliches gilt für komplexe Consultingprojekte oder Produktentwicklungsvorhaben. Die für die Durchführung notwendige Expertise liegt ja zu einem nicht unwesentlichen Teil bei den Lieferanten und kommt so deutlich früher zum Tragen. Wie beim „klassischen" Early Supplier Involvement allerdings muss man hier die Auswahl- und Vertragsansätze für Lieferanten überdenken (Schiele 2010). Eine Beauftragung in zwei Phasen (Scrum-Vorentwicklung nach Aufwand, Leistungserbringung zum Fixpreis) wäre hier eine Lösungsoption. Zu erwarten ist ebenso, dass Scrum-Projekte zunächst eher mit strategischen Lieferantenpartnern durchgeführt werden. Im Ergebnis sind durchaus Kostensenkungen möglich, da eine stärkere Fokussierung auf tatsächlich wichtige Anforderungen stattfindet.

Weniger relevant ist diese Fragestellung bei einem weiteren einkaufsbezogenen Scrum-Anwendungsfeld: der organisationsinternen Bearbeitung von Optimierungsprojekten. Denkbar sind hier u. a. die Optimierung einkaufsbezogener Prozesse (dann wiederum mit Bedarfsträgern und weiteren Stakeholdern) oder abteilungsinterne Reorganisationsmaßnahmen. Während Letztere im klassischen Projektmanagement oft „top down", also von der Leitung vorgegeben sind, greifen bei Scrum hier die Aspekte der Selbstorganisation im Team. Dies soll die Akzeptanz der erarbeiteten Lösungen, die oft die Mitarbeiter direkt betreffen, deutlich steigern.

Die Rolle des Einkaufs in allen dargestellten Anwendungen variiert: bei internen Projekten vom Product Owner (oft die Einkaufsleitung) als Auftraggeber über die mögliche Funktion des „Scrum Masters" bei Projekten mit Lieferanten hin zur reinen Teilnahme als Mitglieder des „Scrum Team". Gerade die Rolle des „Masters" könnte jedoch Neutralitätskonflikte mit sich bringen. Zudem liegt sie nicht in der Kernaufgabe des Einkaufs. Man sollte die Aufgabe daher eher an neutrale Vertreter mit entsprechender Expertise übertragen.

Die erforderlichen Methodenkenntnisse sind dabei eine wesentliche Herausforderung des Scrum-Einsatzes im Einkauf. Mit initialem Schulungsaufwand ist in jedem Fall zu rechnen (Cohn 2010). Sogar kulturelle Vorbehalte bei den eingebundenen Personen sind keineswegs selten. Je traditioneller die Unternehmens- und Organisationskultur, desto schwerer dürfte der „mindset shift" zum offenen, dynamischen Arbeiten nach Scrum sein. Ein schrittweises, dosiertes Vorgehen hilft hier im Zweifel mehr, als „mit der Brechstange" alle Projekte auf einmal umzustellen. Zuletzt kann der höhere Ergebnisdruck durch die Sprints ebenso wie die ungewohnt hohe Kommunikationsintensität der „Daily Scrums" zu Problemen führen. Sensibilität ist gefragt und nicht Dogmatik. Agile Methoden geben Freiheiten in ihrer Umsetzung – daher z. B. lieber aus dem „Daily" zunächst einen „Weekly" machen und nicht verkrampft an den methodischen Empfehlungen festhalten.

Unter Berücksichtigung solcher Empfehlungen kann man Scrum durchaus als Methodik für mehr Transparenz, Dynamik, Ergebnisorientierung und sogar Kostensenkung im Einkauf nutzen. Der folgende Steckbrief fasst dies entsprechend zusammen (Abb. 2.1; zur Methodik der Darstellung siehe 3.3).

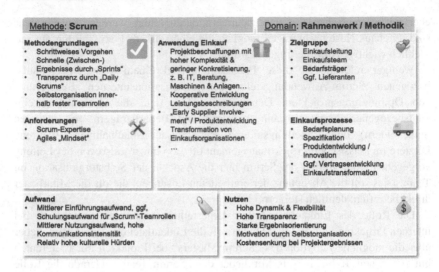

Abb. 2.1 Methoden-Canvas „Scrum im Einkauf"

2.2   Kanban – Altbewährtes neu interpretiert

Wie die Kapitelüberschrift bereits aussagt: Grundsätzlich neu ist KANBAN keineswegs. Vielmehr ist es aus dem Bereich der Produktionssteuerung schon seit Mitte des letzten Jahrhunderts bekannt. Mittlerweile jedoch gilt es als eines der wichtigsten agilen Konzepte (siehe hierzu und in der Folge Brechner 2015, praxisorientierter Kusay-Merkle 2018).

Grundprinzip ist die Visualisierung von in Arbeit befindlichen Aufgaben entlang eines festen Prozesses (work-in-progress, WIP). Hierzu wird das von vielen als Kern der Methode assoziierte „KANBAN-Board" genutzt. Der Prozess wird dort nach den Kernschritten in Phasen eingeteilt, die Arbeitspakete darin als Karten (= KANBAN) eingeordnet. Gemäß vorzudefinierender Regeln (z. B. Regelmäßigkeit der Überprüfung, Meilensteine, Erfüllungsgrad…) wird der Fortschritt in den dargestellten Vorhaben gemäß entsprechend ihres Fertigstellungsgrades nachgehalten. Ziel ist es, die Arbeitsbelastung transparent zu machen, unwichtige Aufgaben ggf. geringer zu priorisieren oder gar zu eliminieren. Gleichzeitig kann man zukünftige Vorhaben in einem Themenspeicher („Backlog") führen. Aufgaben ohne relevanten Fortschritt über einen gewissen Zeitraum werden ggf. „geparkt". So wird eine Fokussierung erreicht und in der

Folge eine konsequente, ggf. beschleunigte Abarbeitung wichtiger Aufgaben erreicht. Hierfür sind regelmäßige Meetings (ähnlich dem „Daily Scrum" aus 2.1) und Retrospektiven vorgesehen, in denen man konkrete Lerneffekte bespricht. Die Phasen des zu visualisierenden Prozesses, die Fortschrittsregeln sowie Kommunikationsmechanismen sind durch ein sich selbst organisierendes Team eigenständig zu vereinbaren. Dies wiederum erhöht Engagement und Motivation, aber auch „Commitment": Die Transparenz erzeugt ein verstärktes Pflichtgefühl. Der Einkauf ist dabei seinen vielen klar strukturierten Prozessen sehr gut für KANBAN geeignet. Denkbar sind z. B.:

- Warengruppenstrategien mit den Schritten „Zielsetzung", „Interne Bedarfs-analyse", „Externe Marktanalyse", *„Strategieentwicklung"*, „Freigabe" & „Umsetzung"
- Source-to-Contract: Übersicht über im Ausschreibungsprozess befindlichen Ver-gabevorhaben, von „Spezifikation" über „Marktforschung", „Ausschreibung" bis hin zu „Verhandlung" & „Vergabe" *(Taktische Einkaufsprozesse)*
- Procure-to-Pay: Fortschritt bei Bestellungen, von Bestellanforderung über Bestellübermittlung bis hin zur Auftragserfüllung und Bezahlung *(Operative Einkaufsprozesse)*
- Sämtliche Projekte einer Einkaufstransformation wie Prozessoptimierung, Change Management, Qualifikationskonzepte etc.

Das Umfeld des Einsatzes hängt dabei von der jeweiligen Organisation ab – das können die gesamte Einkaufsabteilung, Projektteams und sogar Warengruppen-verantwortliche als Einzelpersonen. Vorhaben kann man als Karten auf dem KANBAN-Board führen, thematisch oft durch verschiedene Farben separiert. Ebenso ist eine Zuordnung zu Teams oder Mitarbeitern denkbar (siehe Abb. 2.2).

Die zuvor beschriebene, gesteigerte Transparenz bleibt dabei jedoch nicht ohne Widerstände: Zunächst von einzelnen Mitarbeitern, die sich vermeint-lich „nicht in die Karten schauen lassen" oder im „Daily" rechtfertigen wollen. Selbst vom Betriebsrat könnten wegen der möglichen personenbezogenen Leistungstransparenz Widerstände kommen (Bär et al. 2017). Weiterhin erfordert die grundlegende Auseinandersetzung mit der Methode natürlich gewisse Zeit- bzw. Qualifikationsaufwände. Ebenso wird der Pflegeaufwand für das „Board" bisweilen als Nachteil genannt, gerade wenn im Tagesgeschäft sowieso gerade vermeintlich zu viel zu tun ist. Das allerdings scheint ein „Totschlags-argument" – Veränderung ist nur möglich, wenn gewisse Ressourcen dafür freigemacht werden. Ähnliches gilt für die Beschaffung erforderlicher Arbeits-mittel – beispielsweise des physischen KANBAN-Boards ebenso wie günstig

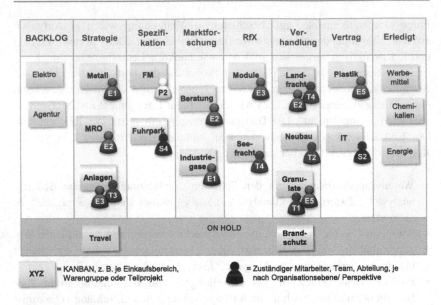

Abb. 2.2   KANBAN-Board im Einkauf (Beispiel)

zu erwerbenden virtuellen bzw. digitalen Versionen. Für KANBAN bleibt somit eine hohe, vielfältige Eignung für viele Einkaufsprozesse bei vergleichsweise geringem Aufwand festzuhalten (Abb. 2.3).

> **Übersicht**
> - Scrum als Methode zur flexibleren, dynamischeren Entwicklung von komplexen Projekten, Leistungsbeschreibungen und Verträgen
> - KANBAN, insbesondere das „Board", als vielseitiges Arbeitsmittel für erhöhte Transparenz zu Fortschritten in Einkaufsprojekten oder -prozessen

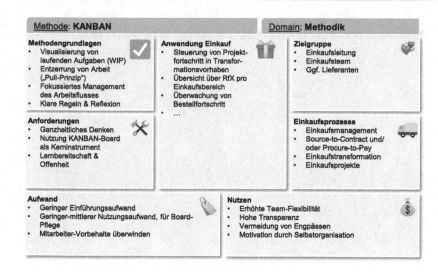

Methode: KANBAN   **Domain: Methodik**

Methodengrundlagen
- Visualisierung von laufenden Aufgaben (WIP)
- Entzerrung von Arbeit („Pull-Prinzip")
- Fokussiertes Management des Arbeitsflusses
- Klare Regeln & Reflexion

Anwendung Einkauf
- Steuerung von Projektfortschritt in Transformationsvorhaben
- Übersicht über RfX pro Einkaufsbereich
- Überwachung von Bestellfortschritt
- …

Zielgruppe
- Einkaufsleitung
- Einkaufsteam
- Ggf. Lieferanten

Anforderungen
- Ganzheitliches Denken
- Nutzung KANBAN-Board als Kerninstrument
- Lernbereitschaft & Offenheit

Einkaufsprozesse
- Einkaufsmanagement
- Source-to-Contract und/oder Procure-to-Pay
- Einkaufstransformation
- Einkaufsprojekte

Aufwand
- Geringer Einführungsaufwand
- Geringer-mittlerer Nutzungsaufwand, für Board-Pflege
- Mitarbeiter-Vorbehalte überwinden

Nutzen
- Erhöhte Team-Flexibilität
- Hohe Transparenz
- Vermeidung von Engpässen
- Motivation durch Selbstorganisation

Abb. 2.3 Methoden-Canvas „KANBAN im Einkauf"

Einkauf und agile Innovation 3

Zahlreiche agile Methoden stellen Werkzeuge und Konzepte zur kunden-
orientierten Lösungsentwicklung zur Verfügung. Neben der grundlegenden Frage,
inwieweit dies für den Einkauf erforderlich ist, werden die Einsatzmöglichkeiten
dieser Ansätze im folgenden Kapitel konkretisiert.

3.1 Design Thinking – Kundenorientierung im Einkauf?

Eine freie Übersetzung des Konzeptes beschreibt es als „Gestaltungsdenken"
und gibt damit relativ gut wieder, wofür „Design Thinking" steht. Produkte und
Dienstleistungen (sowie Prozesse) sollte man von Grund auf aus der Perspektive
des Nutzers bzw. Kunden betrachten und gestalten. Was nach einer Selbstver-
ständlichkeit klingt, stellt sich in der Praxis oft gänzlich anders dar: Produkte
werden primär aus technischer Entwicklersicht konzipiert, Dienstleistungen und
Prozesse auf Basis vorhandener Gegebenheiten (wie z. B. Richtlinien oder gar
Gewohnheiten) repliziert.

Design Thinking dagegen stellt das Kundenergebnis an den Anfang und lässt
von funktionsübergreifenden Teams – wenn nötig völlig neue – Ideen entwickeln,
um dieses zu erreichen (siehe hierzu und in der Folge Simschek und Kaiser 2019;
ähnlich Schallmo 2018). Das Team soll dabei nicht nur die Möglichkeit zum
fortlaufenden Austausch mit den „Kunden" haben. Auch die räumliche Arbeits-
umgebung mit Kreativ- und Präsentationsflächen, spezieller Möblierung und
Werkzeugen zur schnellen Erst-Umsetzung von Ideen (wie Stoffmuster oder
Lego-Steine) gehört zu den Eckpfeilern der Methode. So genannte „Innovation

Labs" sind hierfür mittlerweile eine gängige Praxis. Im Kern steht aber der Innovationsprozess mit folgenden Phasen:

- *Inspiration und User Research:*
  - **Understand**/Verstehen: Abstecken des Problemfeldes
  - **Observe**/Beobachten: Verständnis für User aufbauen, z. B. durch Befragung, Simulation
- *Kreative Ideenentwicklung:*
  - **Synthesize:** Definition der Sichtweise und Problemstrukturierung
  - **Ideate**/Ideenfindung: Entwicklung einer Vielzahl von Lösungsmöglichkeiten zur Fokussierung
- *Erstellen und testen von Prototypen*
  - **Prototype:** Entwicklung konkreter Lösungsentwürfe
  - **Test:** an Zielgruppen/Usern

Es geht also darum, zunächst die Kundensicht erlebbar zu machen, daraus Problemfelder abzuleiten sowie entsprechende Lösungsideen zu generieren und zu testen. Entgegen der Darstellung ist Design Thinking dabei keineswegs linear. Vielmehr ist eine beständige Rückkopplung vorgesehen. Rückschritte und die Bereitschaft, auch als „reif" empfundene Ideen wieder zu hinterfragen, sind also explizit Teil des Kreativprozesses. Im Ergebnis erzielt man eine höhere Kundenzufriedenheit, innovative, gar außergewöhnliche, Lösungen sowie eine im Einsatzgebiet äußerst flexible Methode mit dem Ziel, nachhaltige Wettbewerbspotenziale zu generieren.

Zum Einsatz des Design Thinking stellt sich – wie bei allen anderen innovationsorientierten agilen Methoden – zunächst die Frage, warum (und wie) eine solche Methodik im Einkauf einzusetzen wäre. Zur grundlegenden Argumentation sei hier nochmal auf Abschn. 1.2 verwiesen (Innovationsauftrag). Konkreter scheint der Ansatz im Bereich des „Innovation Scouting" oder dem „Early Supplier Involvement" besonders gut geeignet, mit dem Bedarfsträger als „Kunden" im Fokus neue Lösungen zu entwickeln. Diese Lösungen können sowohl leistungsbezogen sein, um technische Neuerungen für etablierte Produkte oder Services zu suchen, ebenso wie prozessbezogen. Der Einkauf als Beschaffungsmarktschnittstelle kann hier wesentliche Impulse leisten, neue Kooperationsmodelle mit Lieferanten aufzubauen und den Bedarfsträger so optimal zu unterstützen. Selbst in der späteren Phase der Spezifikation kann durch Design Thinking noch einmal das intendierte Beschaffungsobjekt hinterfragt und auf den eigentlichen Nutzen reduziert werden. Bedarfsmanagement

ist bekanntermaßen ein sehr wichtiger Hebel zur frühzeitigen Kostensenkung in der Produktentstehung. Doch selbst bei den Abläufen der Bedarfs-
erfüllung lassen sich ggf. „revolutionäre" neue Ideen finden – weg vom starren
„BANF-zu-Bestellung", hin zu intuitiven Katalogen oder gar sprachgesteuerten
Einkaufsassistenten. Hier gibt es nicht *die* optimale Variante. Dem Einkauf
kommt viel mehr die Rolle zu, Anforderungen der Bedarfsträger (als „internen
Kunden") besser zu verstehen und umzusetzen, ob nun mittels neuer Prozesse
oder durch neue eigene Organisationsformen.

Die Umsetzung von Design Thinking unterliegt dabei relativ geringen
Investitionen (zumindest solange es nicht gleich zu Beginn das volleingerichtete
Innovation Lab sein muss…). Viel schwieriger sind kulturelle Vorbehalte zu überwinden, sowohl auf der Bedarfsträgerseite als auch im Einkauf selbst. Während
Erstere durch Design-Thinking Kompetenz- und Machtverlust fürchten, sind Einkäufer oft noch in einer kostenminimierenden Arbeitsweise mit festen Strukturen
und Abläufen verhaftet. Das iterative Grundgerüst und die Offenheit für neue
Ideen (und diese ggf. schnell wieder fallen lassen zu müssen) widerstrebt zudem
einer effizienzorientierten Philosophie, unnötigen Aufwand möglichst zu vermeiden. Kreatives, kundenzentriertes Denken und Arbeiten ist dabei nichts, was
„über Nacht" verordnet werden kann. Letztendlich aber ist eine stärkere Ausrichtung am Mehrwert für das Gesamtunternehmen (und seinen Abnehmern)
kaum verzichtbar, um dem Einkauf die angestrebte strategische Rolle zu
bringen. Erst Maßnahmen können z. B. eine zunächst selektive Identifikation
von Design-Thinking-Anwendungspotenzialen, aber auch „Ausbrüche" aus dem
Tagesgeschäft mit Aktionstagen in externen Locations sein. So bleiben für Design
Thinking zusammenfassend hohe strategische Innovationspotenziale bei kulturell
bedingt eher schwer zu überwindenden Umsetzungshindernissen (Abb. 3.1).

Exkurs: „Journey Maps" im Einkauf
Wie bereits erwähnt, ist die Kundenorientierung ein zentraler Wert des Design
Thinking. Da dies im Einkauf ein starkes Umdenken erfordert, wird ergänzend
eine Arbeitshilfe hierfür vorgestellt: die „Customer Journey Map" (Kolko 2015).
Darin wird die „Reise" (Journey) des Kunden in den verschiedenen Phasen eines
Kaufprozesses dargestellt. So sollen Schwachstellen in diesem Prozess nachvoll-
zogen und daraus Optimierungsansätze abgeleitet werden.

Im ersten Moment mag man sich nun fragen, in welcher Verbindung
diese Map mit dem Einkauf steht. Bei genauerem Hinsehen aber sind sowohl
Lieferanten als auch Bedarfsträger bis zur Entwicklungsabteilung Stakeholder,
deren Einbindung in Einkaufsprozesse mithilfe einer „Procurement Journey
Map" zu analysieren und zu verbessern wäre. In Zeiten starken Wettbewerbs

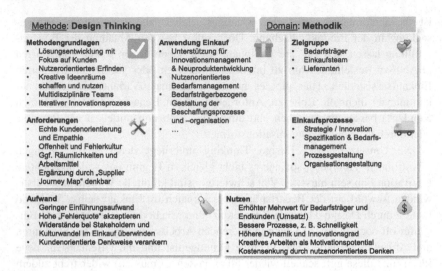

Abb. 3.1 Methoden-Canvas „Design Thinking für den Einkauf"

um die besten Bezugsquellen kann es durchaus sinnvoll sein, die Lieferanten-
perspektive stärker zu betonen, um besonders wichtige Lieferanten optimal zu
binden und zufriedenzustellen (Makkonen et al. 2016; Essig und Amann 2009).
Brüche, Fehlerquellen oder Aufwandstreiber bei der Integration von Lieferanten,
denen sich Einkäufer ggf. gar nicht bewusst sind, können so aufgedeckt und
abgestellt werden. Ähnliches gilt zudem für die Einbindung von Bedarfsträgern
als „Kunden" der Einkaufsorganisation – Prozesshürden sind zu reduzieren, die
Zufriedenheit mit der Bedarfsdeckung zu erhöhen (Kleemann und Maier 2019).
Ob nun in vollumfänglicher, strukturierter Form einer „Map" oder schlicht als
Brainstorming zu wesentlichen „Touchpoints" in den Beschaffungsprozessen: die
Kundenorientierung ist ein zentraler „neuer" Wert im agilen Einkauf.

3.2 Lean Startup – Bedarfsmanagement at its best?

Die Methode des „Lean Startup" lässt zunächst die Frage aufkommen, ob der
Einkauf davon überhaupt betroffen ist. Eine Geschäftsidee (Produkt, Service
…) wird hierbei schnellstmöglich, ggf. in „abgespeckter", also „leaner",

Form in einen Markt eingeführt (siehe hierzu und in der Folge Ries 2014). Die Schnelligkeit der Nutzung wird hier vor der vollumfänglichen Funktionalität priorisiert. Aus diesem Geschwindigkeitsvorteil soll nicht nur ein Wettbewerbsvorteil generiert werden. Vielmehr sieht diese Methode die Interaktion mit dem Kunden (bzw. Nutzer) als zentralen Baustein und möchte die so gewonnenen Erkenntnisse als Lerneffekte in die weitere Nutzung der Idee einfließen lassen. „Learning-by-doing" geht also vor detaillierter Planung. Die frühe und klare Fokussierung auf wirklich notwendige Produktanforderungen kann zudem erhebliche Effizienzvorteile ergeben. Konkret sind drei iterative bzw. zyklische Phasen vorgesehen:

- *Build (Bauen) – das Produkt entsteht:*
  - Ausgangsüberlegung: Oft wird in der Produktentwicklung „überspezifiziert" ohne die genauen Anforderungen zu kennen.
  - Lean Startup setzt auf ein Minimum Viable Product (MVP), also eine funktionierende Produktversion, bei dem nur die tatsächlichen Mindest- bzw. Muss-Anforderungen umgesetzt werden
  - Entwicklung und Einführung (!) von vorläufigen Produkten („Mockups"), Prototypen oder Minimum Viable Products (MVPs), um Hypothesen am Kunden zu testen und zu lernen.
- *Measure (Messen) – Daten entstehen:*
  - Erkenntnisse aus Tests der Mockups, Prototypen oder MVPs … strukturiert zu sammeln
  - Zielgerichtete Einbindung des Kunden bzw. der Nutzerperspektive
- *Learn (Lernen) – Lerneffekte nutzen:*
  - Analyse der erhaltenen Daten und Abgleich mit den initialen Hypothesen
  - Validierung oder Verwerfung neuer Ideen
  - Iteration: Einspeisung der Erkenntnisse in die nächste Build-Phase

Hierfür erforderlich sind ein kreatives, flexibles Herangehen sowie eine kundenorientierte, dynamische Denkweise. Zudem helfen eine minimalistische bzw. leane Kultur, starke Ergebnisorientierung sowie hohe Lernbereitschaft bei Akzeptanz einer hohen Fehlerquote. Die Ansätze zur Messung müssen weiterhin neben dem eigentlichen Nutzerzugang auch valide Rückschlüsse erlauben, also eine Art „Repräsentativität". Die Ähnlichkeit dieser Anforderungen mit anderen agilen Methoden ist dabei kein Zufall. Lean Startup kann z. B. mit Design Thinking, Scrum oder KANBAN kombiniert werden. Noch konkreter kann die „Journey Map" ein Instrument für die Measure-Phase sein, das „Business Model Canvas" (Abschn. 3.3) für die Strukturierung mehrerer Ideen.

Doch wie lässt sich dies auf den Einkauf übertragen? Vielen gilt der Einkauf weiterhin als richtlinientreuer Kostenkiller (im besseren Fall), manchen gar als kreativitätsfeindlicher „Erbsenzähler" – wie passt das nun zur dynamischen „Startup-Kultur"? Erstaunlich gut, wie allein die starke Zunahme zielgerichteter Zusammenarbeit mit Startups (zumindest im Bereich digitaler IT-Lösungen für die Beschaffung) in den letzten Jahren zeigt (Zaremba et al. 2017). Konkreter wäre der Einsatz der Methode zum Beispiel in frühen Phasen von Entwicklungsprojekten möglich – sogar unter Einbeziehung von Lieferanten im Sinne eines „Early Supplier Involvement". Durch die eigene F&E-Abteilung gesetzte Anforderungen wären so dynamisch auf ihre Umsetzbarkeit testbar. Gerade in der Phase der Bedarfsanalyse und -beschreibung bietet „Lean Startup" erhebliche Potenziale, wird eine „Überspezifikation" durch die minimalistische Orientierung doch vermieden. Verbreitete Ansätze wie ein gezieltes „Demand Management" oder „Zero Base Budgeting" zur Kostensenkung sind so optimal mit dem Innovationsgedanken der Agilität zu verbinden. Weitere Anwendungsfelder ergeben sich zudem im Verlauf von Ausschreibungen. Als Element der Lieferantenauswahl können potenzielle Kandidaten zur Teilnahme an „Lean Startup"-Konzeptworkshops eingebunden werden können. Ähnlich wäre die Durchführung solcher Workshops ebenfalls als Maßnahme des Lieferantenmanagements oder in Verhandlungen komplexer Beschaffungsobjekte denkbar. Die Bedarfsträger könnten dabei als die vorgesehenen „Kunden" bzw. „Testpublikum" dienen, der Einkauf als Schnittstelle und Moderator. Zuletzt bietet sich die „Lean Startup"-Kultur, wie angedeutet auch für die einkaufseigenen Bedarfe an, z. B. für innovative IT-Lösungen zur Prozessoptimierung im Einkauf. Statt auf ein Modul für das etablierte ERP-Systems zu warten, sind viele Funktionalitäten heutzutage über einfache, cloudbasierte Tools bereitstellbar.

Die vielfältigen Einsatzpotenziale im Einkauf sowie weitere Vorteile, v. a. der geringe Kapitalbedarf für die Einführung, sowie der immanent kostensenkende Charakter von „Lean Startup" sind allerdings durch vergleichsweise hohe Umsetzungshürden auf der kulturellen Ebene zu „erkaufen". Tatsächlich verlangt die Methode den eher in festen Leistungsvorgaben und klaren Richtlinien denkenden Einkaufsorganisationen (bzw. -mitarbeitern) einen erheblichen Sinneswandel ab: Lerndynamik ersetzt Planung, handlungsleitenden Prinzipien ersetzen fixe Regularien. Misserfolge müssen eingeplant, Bedarfsträger aktiv als „Testpublikum" eingebunden, dazu erhebliche eigene kreative Anstrengungen unternommen werden. Gerade aufgrund der vielen Überschneidungen in der Zielsetzung – frühzeitige Einbindung, Minimalismus und Anforderungsorientierung – liegen in Lean Startup erhebliche Potenziale, die die Methode als besonders wertvoll für den Einkauf erscheinen lassen (Abb. 3.2).

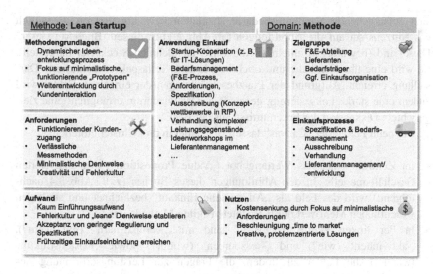

Methode: **Lean Startup**		Domain: **Methode**

Methodengrundlagen
• Dynamischer Ideen-
  entwicklungsprozess
• Fokus auf minimalistische,
  funktionierende „Prototypen"
• Weiterentwicklung durch
  Kundeninteraktion
	Anwendung Einkauf
	• Startup-Kooperation (z. B.
	  für IT-Lösungen)
	• Bedarfsmanagement
	  (F&E-Prozess,
	  Anforderungen,
	  Spezifikation)
	• Ausschreibung (Konzept-
	  wettbewerbe in RfP)
		Zielgruppe
		• F&E-Abteilung
		• Lieferanten
		• Bedarfsträger
		• Ggf. Einkaufsorganisation

Anforderungen
• Funktionierender Kunden-
  zugang
• Verlässliche
  Messmethoden
• Minimalistische Denkweise
• Kreativität und Fehlerkultur
	• Verhandlung komplexer
	  Leistungsgegenstände
	• Ideenworkshops im
	  Lieferantenmanagement
	• …
		Einkaufsprozesse
		• Spezifikation & Bedarfs-
		  management
		• Ausschreibung
		• Verhandlung
		• Lieferantenmanagement/
		  -entwicklung

Aufwand
• Kaum Einführungsaufwand
• Fehlerkultur und „leane" Denkweise etablieren
• Akzeptanz von geringer Regulierung und
  Spezifikation
• Frühzeitige Einkaufseinbindung erreichen
		Nutzen
		• Kostensenkung durch Fokus auf minimalistische
		  Anforderungen
		• Beschleunigung „time to market"
		• Kreative, problemzentrierte Lösungen

Abb. 3.2 Methoden-Canvas „Lean Startup für den Einkauf"

3.3   Business Model Canvas – die „Analyseleinwand" für den Einkauf

Eine agile Methode, die eher als Arbeitshilfe bzw. Instrument einzuordnen ist stellt die „Business Model Canvas" (BMC) dar, frei übersetzt eine „Leinwand zur Darstellung von Geschäftsmodellen". Im Kern ist das BMC ein im agilen Umfeld gängiges, strukturiertes Formular zur Veranschaulichung von Organisationen. Es besteht üblicherweise aus neun Feldern, die wesentliche Elemente, Konzepte und Treiber dieser Organisationen umfassen. Ziel ist es, diese Bereiche analytisch, z. B. durch Brainstorming zu befüllen, um Erkenntnisse zur Ausrichtung des Geschäftsmodells einer Firma, Abteilung oder ähnlichen Konstrukten zu erzielen und ggf. Handlungsbedarf abzuleiten oder zu simulieren (siehe hierzu und in der Folge Osterwalder und Pigneur 2011). Somit bietet eine „BMC" eine Möglichkeit, um die im Rahmen von Design Thinking (Abschn. 3.1) oder Lean Startup (Abschn. 3.2) entwickelten Ideen auf deren Vollständigkeit oder Realisierbarkeit zu prüfen.

Das Vorgehen ist dabei relativ simpel: Zunächst ist ein Analyseobjekt zu definieren. Danach ist die BMC eigenständig oder im Team zu befüllen, zu diskutieren und nach Bedarf zu vervollständigen. Aus der nachfolgenden Analyse sind entsprechende Handlungsbedarfe abzuleiten bzw. umzusetzen. Bezüglich des Nutzens sei auf die Abbildungen (ab Abb. 2.1) in diesem Buch verwiesen. Diese sind (bewusst) in einem an die BMC angelehnten Steckbrief dargestellt. So wird eine übersichtliche und doch in relevante Teilaspekte strukturierte Darstellung erreicht. Aufgrund der Platzbeschränkungen der einzelnen Felder wird zudem eine starke Fokussierung geschaffen. Das wiederum ermöglicht eine zielgerichtete Diskussion der Erkenntnisse aus der BMC.

Die neun Felder der „Canvas" lassen sich dabei in drei Cluster einteilen[1]:

- Im Zentrum steht das Wertangebot („Value Proposition") des analysierten Geschäftsmodells. In den Abbildungen dieses Buches (z. B. Abb. 3.4 nachfolgend) wird das Feld als „Anwendung Einkauf" bezeichnet und stellt den wesentlichen Mehrwert der betrachteten agilen Methode dar.
- In der linken Hälfte der BMC sind mit ‚Kernpartnern' (mit wem?), ‚-aktivitäten' (wie?) und ‚-ressourcen' (womit?) sowie ‚Kostenstruktur' (wieviel) die Felder zu finden, die Fragen zur Leistungserbringung des betrachteten Geschäftsmodells enthalten.
- Der rechte Bereich der „Leinwand" enthält die Felder zur Analyse des kundenseitigen Leistungsangebots (Zielgruppe, Beziehungen, Kanäle mit Kontaktpunkten sowie die Einnahmequellen, also der unternehmerische Nutzen eines Geschäftsmodells).

Aufgrund der Umfangsbeschränkungen dieses Buches wird auf eine vollständige Ausführung aller neun Felder hier bewusst verzichtet. Die Kategorien sind zudem keineswegs als „dogmatische Vorgabe" anzusehen, sondern vielmehr als ein Vorschlag. Dieser ist durch die Anwender flexibel auszulegen oder zu verändern. Die Aufwände bzw. Voraussetzungen für die Nutzung der Methode sind dagegen eher gering – die Fähigkeit zur strukturierten, abstrakten Betrachtung des Analyseobjektes sowie eine, unter Umständen moderierte, Fokussierung der Befüllung, um ein „Verzetteln" buchstäblich zu vermeiden.

Im Einkauf sind – bei Bedarf adaptierte – Versionen des BMC auf vielfältige Weise einsetzbar. Zunächst scheint eine qualitative Auseinandersetzung mit potenziellen Lieferanten in Marktforschung, Auswahl oder Verhandlung sinnvoll –

---

[1]Ein ähnliches Konzept im Umfeld agiler Methoden, jedoch kompakter, ist der „Golden Circle" nach Sinek (2009) mit den Schlüsselfragen „Why" (Mehrwert), How (Strategie) und What (Prozesse). Einsatzbeispiele gibt es im Einkauf bereits, z. B. bei der Firma „Burda Procurement" (Hülsbömer 2020).

man denkt sich mittels BMC quasi in den Lieferanten hinein. So versteht man diesen besser und kann ggf. gezielt auf erkannte Defizite eingehen oder diese als Verhandlungsargument nutzen. Selbst die Betrachtung ganzer Lieferketten mittels „Supply Chain Canvas" ist vorstellbar (Weenk 2019). Doch die Einkaufs- abteilung selbst ist eine Organisation, die Leistungen anbietet – nämlich die Ver- sorgung der Bedarfsträger. Sich mittels BMC Klarheit über die Ausrichtung des Einkaufs, aber auch Lücken darin, zu verschaffen erscheint gerade für moderne Einkaufsorganisationen außerordentlich sinnvoll. Zuletzt ist die BMC nutzbar, um Einkaufsstrategien (für die Abteilung ebenso wie für Warengruppen) besser an die Ausrichtung des eigenen Unternehmens anzugleichen, demnach, die „Leinwand" für das Gesamtunternehmen indikativ zu befüllen. So wird die Rolle des Einkaufs noch besser auf die jeweiligen Ziele und Strategie des Unternehmens angepasst– eine wichtige Voraussetzung einer tatsächlich strategischen Beschaffung (Krause et al. 2001; Watts et al. 1992). Auch wenn das merkwürdig wirkt: Der Blick vieler Einkäufer auf das eigene Unternehmen (als Ganzes) ordnet sich im Tagesgeschäft oft den operativen Notwendigkeiten unter. Die Business Model Canvas kann demnach ein wichtiges Instrument sein, einen klaren Blick auf einkaufsrelevante Geschäftsmodelle, sei es intern oder extern, zu werfen (siehe Abb. 3.3).

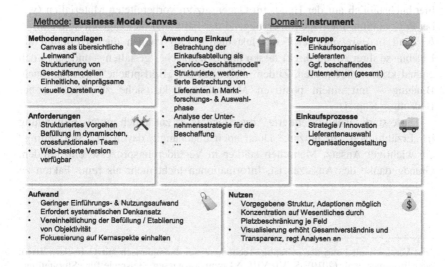

Abb. 3.3 Methoden-Canvas „Business Model Canvas im Einkauf"

3.4   Storytelling und Visualisierung – der Einkauf als Geschichtenerzähler?

Komplexe Zusammenhänge, wie sie im Einkauf immer wieder auftreten, anschaulich darzustellen und nachzuvollziehen, ist ein wichtiger Erfolgsfaktor, innovative (agile) Konzepte umzusetzen (Hofert 2016). Im Umfeld der Agilität haben kreativere Arbeitstechniken stark an Bedeutung gewonnen, mit der Visualisierung und dem „Storytelling" werden hier zwei kurz vorgestellt.

Statt seitenlanger Richtlinien und „Textprosa" können z. B. visuelle Elemente wesentlich dazu beitragen, das Verständnis der Stakeholder in Projekten und Prozessen und deren Akzeptanz und Engagement zu steigern. Hierfür werden aber immer weniger klassische Darstellungsformen wie Excel-Diagramme oder Präsentationsfolien genutzt. Schon die relativ bekannte „Mindmap" ist ein typisches Instrument zur Aufnahme und Strukturierung komplexer Sachverhalte. Gerne kommen neuerdings aber auch „Graphic Recording" und „Visual Facilitation" (etwa „Protokollzeichnen"), zum Einsatz. Durch sie kann man (in agilen Teams) ablaufende Erkenntnisprozesse und Ergebnisse *direkt bei der Entstehung* aufnehmen und verwerten (siehe hierzu und in der Folge Weiss 2016). So trifft man auf Workshops und Tagungen immer häufiger „Protokollzeichner", die die Diskussionen der Teilnehmer direkt in Bilder übernehmen. Der Vorteil liegt hier buchstäblich auf der Hand: Im Gegensatz zu vorbereiteten Materialien (wie bei Präsentationsunterlagen überwiegend der Fall) sind hier Ergebnisse *unmittelbar* und in *anschaulicher* Form festzuhalten. So können die Beteiligten die Ergebnisse ihrer Arbeit direkt fassen und dynamischer gestalten – und ggf. noch einmal kritisch überprüfen. Zudem steigt mit der „Bildsprache" die emotionale Bindung – mit einem positiven Motivationseffekt (siehe zu dessen hoher Bedeutung Kap. 4).

Diese stark visuell orientierte Arbeitstechnik ist zusätzlich mittels Einbindung in „Erzählungen" zu nutzen.[2] Doch auch unabhängig davon ist „Storytelling" ein wichtiger Ansatz, Menschen stärker in Veränderungsprozesse einzubinden. Grundgedanke des Ansatzes ist, Informationen nicht mehr als reine Fakten zu

---

[2]Zur Veranschaulichung der „Graphic Techniken" sei exemplarisch auf Oebbeke (2016); oder Brommer et al. (2019), S. VI, VIII, XI uvm. verwiesen. Beispiele für „Storytelling" finden sich u. a. bei Kabelbrand Kommunikation (2018).

übermitteln, sondern durch Personenbezug in einem Narrativ (etwa „Erzählstrang") zu formulieren (zu den Grundlagen siehe z. B. Friedmann 2019). So ist beispielsweise die Präsentation eines strukturierten Projektplans durch eine gedankliche Reise zum Ende eines Projektes ersetz- oder zumindest ergänzbar („Stellen Sie sich den Tag des Projektabschlusses vor, sie sehen das Ergebnis …"). Dadurch wird der persönliche Bezug der Empfänger verstärkt, eine intensivere Einbindung erreicht und so ganzheitlichere Kreativitätsprozesse angeregt. Man identifiziert sich stärker mit in der „Story" beschriebenen Personen (im Einkauf z. B. Bedarfsträger). Das setzt allerdings voraus, sich im Vorfeld intensiv mit dem „Publikum", dem Ziel der Informationsübermittlung und möglichen erzählerischen Eckpunkten auseinanderzusetzen.

Doch, wie die Überschrift dieses Abschnittes nahelegt: Warum und wo sollte ausgerechnet der Einkauf zum „Montagsmaler" oder „Geschichtenerzähler" werden? Zum „warum" sei verkürzt auf das schon mehrfach erwähnt „moderne Verständnis" verwiesen sowie das verbesserungsfähige Image des Einkaufs. Versteht man die Funktion als Dienstleistung innerhalb des Unternehmens, liegt es nahe, diese entsprechend zu vermarkten. Der Einsatz von „Storytelling" ist vor allem im Marketing-Umfeld gebräuchlich. Doch auch in der Organisationsentwicklung sind starke Potenziale erkennbar. Selbst im eher zahlen- und faktenorientierten Controlling bestehen vielfältige Anwendungsmöglichkeiten (Langmann 2019). Analog wäre denkbar, „Storytelling" bei Initiativen zur organisatorischen Weiterentwicklung des Einkaufs zu nutzen. Ein daraus erarbeitetes Leitbild für den Einkauf könnte man mittels „Graphic Recording" für alle sichtbar dokumentieren und zur „Vermarktung" des Einkaufs nutzen. Gerade der Einstieg in größere Einkaufsprojekte, ggf. mit Lieferanten, oder die Entwicklung von Warengruppenstrategien wären mithilfe einer „Story" erlebbarer oder mit einer Zeichnung greifbarer zu gestalten. Für komplexe Verhandlungen wären „Storyboards" als Mischung von Narrativ und Visualisierung eine gute Möglichkeit, vor allem heterogene Verhandlungsteams vorzubereiten und auf eine bestimmte „Dramaturgie" einzustimmen. Letztendlich kann hier keine abschließende Empfehlungsliste gegeben werden, so vielfältig sind die Anwendungsmöglichkeiten. Zu berücksichtigen ist aber: Visualisierungstechniken ebenso wie Storytelling erfordern Empathie, Kreativität und spezifische Talente. Speziell qualifizierte Mitarbeiter sind nötig und die Mitarbeiter als Informationsempfänger ebenfalls zu sensibilisieren. Folgekapitel 4 behandelt diese eher führungsbezogenen Aspekte. Die Erkenntnisse dieses Abschnitts fasst Abb. 3.4 zusammen.

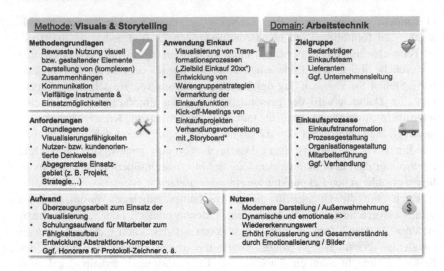

Methode: **Visuals & Storytelling**   Domain: **Arbeitstechnik**

Methodengrundlagen
- Bewusste Nutzung visuell bzw. gestaltender Elemente
- Darstellung von (komplexen) Zusammenhängen
- Kommunikation
- Vielfältige Instrumente & Einsatzmöglichkeiten

Anforderungen
- Grundlegende Visualisierungsfähigkeiten
- Nutzer- bzw. kundenorientierte Denkweise
- Abgegrenztes Einsatzgebiet (z. B. Projekt, Strategie...)

Anwendung Einkauf
- Visualisierung von Transformationsprozessen („Zielbild Einkauf 20xx")
- Entwicklung von Warengruppenstrategien
- Vermarktung der Einkaufsfunktion
- Kick-off-Meetings von Einkaufsprojekten
- Verhandlungsvorbereitung mit „Storyboard"
- ...

Zielgruppe
- Bedarfsträger
- Einkaufsteam
- Lieferanten
- Ggf. Unternehmensleitung

Einkaufsprozesse
- Einkaufstransformation
- Prozessgestaltung
- Organisationsgestaltung
- Mitarbeiterführung
- Ggf. Verhandlung

Aufwand
- Überzeugungsarbeit zum Einsatz der Visualisierung
- Schulungsaufwand für Mitarbeiter zum Fähigkeitsaufbau
- Entwicklung Abstraktions-Kompetenz
- Ggf. Honorare für Protokoll-Zeichner o. ä.

Nutzen
- Modernere Darstellung / Außenwahrnehmung
- Dynamische und emotionale => Wiedererkennungswert
- Erhöht Fokussierung und Gesamtverständnis durch Emotionalisierung / Bilder

Abb. 3.4   Methoden-Canvas „Visualisierung und Storytelling im Einkauf"

> **Übersicht**
> - Design Thinking stellt die Kunden- bzw. Bedarfsträgerorientierung bei der Generierung neuer Ideen für und mit dem Einkauf an den Anfang von Projekten
> - Das Lean Startup-Konzept kann für die nötige Effizienzorientierung in Projekten sinnvoll sein, vor allem im Bedarfsmanagement
> - Mit der „Business Model Canvas" gewinnt der Einkauf eine Arbeitshilfe zur strukturierten Analyse von Geschäftsmodellen – im eigenen Unternehmen, in der Abteilung oder bei Lieferanten
> - Zeitgemäße Visualisierung und Erläuterung von Informationen können im Einkauf wichtige Beiträge leisten

Einkaufsorganisation und Agilität 4

Agilität bedeutet nicht zuletzt einen Wandel der einsetzenden Organisationen – vor allem in Führungsprinzipien, flexibleren Strukturen und einem dynamischeren Arbeitsumfeld. Somit liegt in den folgenden Ausführungen und Darstellungen weniger eine prozessorientierte, als eine organisationsbezogene Perspektive.

4.1 New Work – für den Einkauf?

Die Entwicklung einer neuen Arbeitswelt ist nicht per se eine agile Methode, kann aber ein wesentlicher Baustein in deren Umsetzung sein. Kern der Philosophie sind die Werte „Selbstbestimmtheit" und „Handlungsfreiheit" sowie „Gemeinschaft" – mit erkennbaren Parallelen z. B. zu den Grundprinzipien der Scrum-Teamorganisation. Die Idee geht jedoch darüber hinaus (dazu und in der Folge siehe Hackl et al. 2017). Sie beinhaltet ebenfalls eine neue Kultur, Gestaltung des Arbeitsumfeldes, neue Führungsansätze oder neue Formen der Arbeit. Eine genaue definitorische Abgrenzung liegt allerdings nicht vor. Im Wesentlichen werden zumeist die folgenden Prinzipien und Elemente genannt:

- **Individualität:** Einbindung der Mitarbeiter in Managementfragen, selbstbestimmtes Arbeiten, Sinnhaftigkeit der Arbeit
- **Führung:** flachere Hierarchien, Führungskraft als Coach (siehe Abschn. 4.2)
- **Agilität:** Teamarbeit, demokratische Organisationskultur (siehe Abschn. 4.3)
- **Flexibilität:** virtuelle Arbeit, mobile Arbeitskultur, flexible Arbeitszeit, projektbasiertes Arbeiten
- **Kreativität:** Work-Life-Blending, innovationsfördernde Arbeitsplätze

© Der/die Autor(en), exklusiv lizenziert durch Springer Fachmedien Wiesbaden GmbH, ein Teil von Springer Nature 2020
F. C. Kleemann, *Agiler Einkauf,* essentials,
https://doi.org/10.1007/978-3-658-31942-7_4

Durch diese Ansätze werden eine flexiblere Arbeitsweise, eine gesteigerte Zufriedenheit der Mitarbeiter, in der Folge höhere Kreativität und Innovativität (dadurch steigende Umsätze) und höhere Resilienz gegenüber Krisensituation erwartet. Zudem steigt die Attraktivität der einsetzenden Organisation, z. B. für Kunden und Mitarbeitern.

Andererseits ist eine realistische Einschätzung der erforderlichen Kulturveränderung erforderlich – die massiver kaum sein könnte. Erforderlich ist ein vollständiges Umdenken, ggf. sogar ein Austausch von Führungskräften oder Mitarbeitern in der betroffenen Organisation. Insbesondere traditionelle Unternehmen könnten sich dementsprechend schwertun, eine Umsetzung erfolgreich zu gestalten. Die technischen Voraussetzungen (z. B. für Home Office-Arbeit) oder die Umgestaltung von Arbeitsräumen („Creative Workspaces") dürften angesichts des benötigten Kulturwandels kaum mehr ins Gewicht fallen.

Damit stellt sich umso mehr die Frage, warum dieser Ansatz überhaupt im Einkauf zu berücksichtigen wäre – und ggf. wie. Dabei ist New Work nur vollständig umzusetzen, wenn sich das gesamte Unternehmen entsprechend ausrichtet. Dennoch kann der Einkauf einzelne Elemente nutzen, um seine Organisation agiler zu gestalten. Im Bereich der Individualität könnte eine stärkere Orientierung an Nachhaltigkeitszielen zu etablieren sein, weg von der oft ausgeprägten Fokussierung auf Einsparungen. Im Bereich der Führung könnte sich durch eine neue Kultur ein höherer Innovationsgrad ergeben, bei Einkaufsmitarbeitern wie Lieferanten. Die Gedanken der Agilität als Wert der „New Work" könnten die Zusammenarbeit mit Bedarfsträgern, ebenso aber innerhalb von Einkaufsteams, dynamischer gestalten. Die Zufriedenheit der internen Kunden wie der Mitarbeiter wird entsprechend gesteigert. Flexibilität als Zielgröße kann durch eine noch stärkere Betonung projektbasierten Arbeitens im Einkauf weiter erhöht werden. Die Ideen des Work-Life-Blending, also die Vermischung von Arbeits- und Freizeitelementen, wären im Bereich der Kreativität beispielsweise nutzbar, die Außendarstellung der Einkaufsabteilung vielseitiger und attraktiver darzustellen. Das muss nicht der berüchtigte „Kickertisch" sein, sondern vielleicht einfach eine stärkere Präsenz in Medien der Unternehmenskommunikation (z. B. Intranet, Social Media, Newsletter …).[1] Das wiederum kann den Wandel des Einkaufs vom „Bestellbüro" zum intern wie extern anerkannten „Business Partner" unterstützen. Als Beispiel kann das vom Einkaufsverband BME 2019 entwickelte Bild des Einkaufs als „Pacesetter"

---

[1]Ein anschauliches Beispiel aus dem Einkaufsumfeld findet sich bei Giesecke+Devrient 2019 (2019, Video).

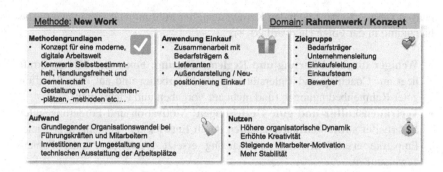

Abb. 4.1 Methoden-Canvas Light „New Work im Einkauf"

(dt. etwa „Taktgeber"; (Schulz-Rohde 2019) gelten. Selbst die Gewinnung von Fachkräften – in der Praxis immer wieder ein Problem (Fröhlich und Karlshaus 2017) – ist durch eine modernere Kultur und Außendarstellung des Einkaufs erheblich zu steigern (Hülsbömer 2020). Der hierfür nötige Wandel muss dabei keineswegs dogmatisch und vollständig sein. Ein selektives Vorgehen, ein Herausgreifen der kurzfristig umsetzbaren Elemente, kann schon ein wichtiger erster Schritt sein, um die Neupositionierung des Einkaufs als agile Organisation zu initiieren (Zusammenfassung siehe Abb. 4.1).

4.2 Agile Führung des Einkaufs

Mit dem Trend zu agilen Methoden als Modernisierung von Prozessen geht oft die Entwicklung hin zu einem neuen Führungsverständnis einher. Das liegt zunächst in deren Natur: Selbstverantwortung ersetzt Kontrolle, der Teamgedanke ersetzt Hierarchie. Doch auch unabhängig von Agilität lässt sich eine neue Denkweise feststellen, eine Abkehr von traditionellen „Top-Down"-Prinzipien, hin zu einer stärkeren Mitarbeiterausrichtung (gerne ausgedrückt mit dem „Boss vs. Leader"-Gegenüberstellung genutzt). Noch „poetischer" ausgedrückt wird diese neue Denkweise durch einen Bezug zur bekannten Start Wars-Filmreihe indem die heutige Führungskultur der „hellen Seite der Macht der Jedi-Ritter" den traditionellen Führungsansätzen gegenübergestellt wird – die wiederum als „dunkle Seite der Macht der Sith-Lords" interpretiert wird (Fuchs et al. 2018). Doch man muss kein kleines grünes Wesen („Meister Yoda") werden. Vielmehr

hängen zahlreiche der folgenden Kernwerte agiler Führung eng zusammen (siehe
hierzu und in der Folge Hayward 2018):

- **Weniger direkte Führung und Reglementierung:** Fokus der Führungskraft
  liegt auf Coaching und Unterstützung der Mitarbeiter und auf dem Schaffen
  guter Rahmenbedingungen (und nicht auf Vorgaben und Richtlinien).
- **Vertrauenskultur und gute Beziehungen:** Motivation und Förderung guter
  Mitarbeiter sowie Vertrauen schaffen durch Entwicklung gemeinsamer Ziele.
  Empathie ersetzt Misstrauen, Coaching ersetzt „Antreiben" oder Fehler-
  zuweisungen.
- **Handlungsfähige Mitarbeiter und Teams:** Gemeinsame Ziele als Ansatz,
  um Handlungs- und Entscheidungsfreiheiten auf Mitarbeiter übergeben zu
  können, damit diese sich – gerade in Teams – selbst organisieren können.
- **Effektive Kommunikation:** Gutes Zuhören und regelmäßiger Austausch
  (statt einseitiger Handlungsanweisungen), auch mit wichtigen Stakeholdern.
  Gezielte Nutzung von Informationen für rechtzeitiges Handeln.
- **Optimierte Entscheidungswege:** „Befehlsketten" über mehrere Hierarchie-
  stufen sind nicht nur langwierig und ineffizient. Ebenso steigt die Entfernung
  zum Prozess und dessen Beteiligten, inklusive der Kunden. Eigenverantwortung dagegen steigert die Abnehmerorientierung und Schnelligkeit von
  Entscheidungen.

Durch Anwendung dieser Prinzipien sollen schnellere Prozesse, zufriedenere
Kunden, höhere Transparenz und geringere Fluktuation in Organisationen
erzielen. Entsprechendes Führungsverhalten zu erlernen erfordert andererseits
eine starke kulturelle Veränderung – bei Führungskräften und Mitarbeitern.
Ebenso ist entsprechendes Fachwissen über die neue Art der Führung nötig. Mitarbeiter wiederum brauchen ausreichend Erfahrung und Kompetenz, um in so
starker Eigenverantwortung zu arbeiten. Das Verinnerlichen vieler „neuer" Werte,
wie etwa Ziel-, Wert- und Kundenorientierung, ebenso wie Transparenz, Auto-
nomie, Wertschätzung und Offenheit, auch für Selbstkritik, benötigt zudem Zeit
in der konkreteren Umsetzung.

Wo liegen nun die Bezugspunkte und Anwendungsbereiche im Einkauf?
Naheliegend ist zunächst sicher die Führung einzelner Teams oder der ganzen
Abteilung. Damit wird ein wichtiger „Enabler" für die Umsetzung konkreter
agiler Methoden, wie Scrum, geschaffen. Die Beziehungen zu Bedarfsträgern
dürften sich durch die Betonung der Kundenorientierung ebenfalls verbessern
lassen, hin zu mehr Teamwork (wie in Abschn. 4.3 betont). Ergänzt mit anderen
Elementen agiler Führung (siehe ferner Abschn. 4.1) kann die Integration und

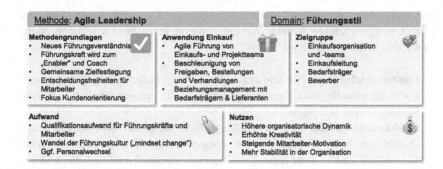

Abb. 4.2 Methoden-Canvas Light „Agile Einkaufsführung"

Aufwertung des Einkaufs innerhalb von Unternehmens gesteigert werden. Weiterhin wären auch die Beziehungen zu Lieferanten vertrauensvoller und offener zu gestalten. Aller Betonung von Partnerschaftlichkeit zum Trotz sind selbst heute noch viele Lieferantenbeziehungen eher opportunistisch geprägt (Stjernström und Bengtsson 2004). Agile Führung könnte hier zu agiler Partnerschaft führen, mit messbarer Beschleunigung von Prozessen durch geringere Rückkopplung mit übergeordneten Führungsebenen, z. B. bei Freigabeprozessen von Bestellungen, Abstimmungen mit Bedarfsträgern oder Verhandlungen mit Lieferanten. Doch natürlich erfordern solche möglichen Anwendungen andererseits eine – zum Teil radikale – Abkehr von traditionellen Gewohnheiten im Einkauf, z. B. die Anwendung von Richtlinien, die Nutzung des Machtgefälles gegenüber dem Lieferanten oder die – von den Bedarfsträgern oft so wahrgenommene – isolierte Fokussierung auf kurzfristige Kostensenkungen (Rosetti und Choi 2005). Doch selbst wenn keine vollständige Umsetzung der „agilen Führung" infrage kommt – eine schrittweise Übernahme einiger Prinzipien kann schon erhebliche Vorteile mit sich bringen (siehe Abb. 4.2).

4.3   Agile Einkaufsteams

Aus den vorangegangenen Erläuterungen kann man bereits ableiten, wie wichtig die entsprechenden Teams für die Umsetzung agiler Methoden sind. Selbstorganisierend, dynamisch, vielfältig und zielorientiert sollen sie sein. Aufgrund der zentralen Rolle agiler Teams sollte man jedoch nicht davon ausgehen, dass man dann eben „wie früher" einfach Arbeitsgruppen zusammenstellt. Vielmehr gibt es einige wichtige Aspekte für die Umsetzung zu berücksichtigen (siehe hierzu und in der Folge Slogar 2020).

- **Rahmenfestlegung:** Führungskraft gibt Ziele, Entscheidungskompetenzen sowie die grundlegende Zusammensetzung des Teams vor (ähnlich z. B. zum Product Owner in Scrum)
- **Crossfunktionalität:** Teammitglieder sollten nicht nur aus verschiedenen Disziplinen bzw. Abteilungen mit entsprechender Wissenstiefe stammen. Sie sollten zudem über eine grundlegende Wissensbreite für die anderen beteiligten Fachbereiche verfügen („T-shaped Profil").
- **Selbstorganisation:** Das Team entscheidet – innerhalb des vorgegebenen Rahmens – selbst über die konkrete Ausgestaltung der eigenen Arbeit, z. B. konkrete Rollenverteilung, Aufgabenstruktur, Zeitmanagement, Kommunikation.
- **Kooperation und Flexibilität:** Die Leistungsbeurteilung abstrahiert von Individuen auf das Teamergebnis, um eine kooperative Arbeitsweise und Flexibilität in der Aufgabendurchführung zu fördern.
- **Transparenz und Kommunikation:** Arbeitsfortschritte (und Herausforderungen) müssen in regelmäßiger Kommunikation (z. B. „Dailies") offengelegt werden.
- **Skills und Lernen:** Fähigkeitsdefizite bei Einzelnen sind gemeinsam zu beheben, ggf. durch „Partnering", also Bildung von Tandems. Aus gemachten Fehlern und gelösten Problemen sind immer Lerneffekte abzuleiten.

Neben der zentralen Rolle von Teams als Enabler zum Einsatz agiler Methoden (und dem Erreichen von deren Zielsetzung) per se erwartet man zahlreiche weitere Vorteile. Zunächst sollen die Teams durch ihre Zusammenstellung ein besseres Verständnis für andere Funktionsbereiche erhalten. Die entstehenden Lösungen sind dabei kundenorientierter und ergeben vielseitigeren Mehrwert. Reduzierte (crossfunktionale) Reibungsverluste führen zudem tendenziell zu einer höheren Produktivität. Zudem bedingt die Eigenverantwortung für die Mitarbeiter eine erhöhte Motivation und die Möglichkeit zur Weiterentwicklung.

Dabei ist die Arbeit in funktionsübergreifenden Teams – auch im Einkauf – weder neu noch ohne Hindernisse. Nicht nur benötigen, wie in Abschn. 4.2 erläutert, Führungskräfte ein neues Verständnis ihrer Rolle. Es betrifft ebenfalls die Mitarbeiter. Lange kultivierte „Feindschaften" zwischen Fachbereichen, z. B. Einkauf vs. Bedarfsträger, sind nach Möglichkeit zu überwinden. Moderation des Veränderungsprozesses und Weiterbildung vor allem im Bereich sozialer

Kompetenzen („soft skills") sind unerlässlich. Doch selbst dann ist wiederum der erforderliche „mindset shift", je nach Unternehmenskultur, eine erhebliche Hürde für die Umsetzung.

Nichtsdestotrotz lassen sich konkrete Anwendungen im Einkauf finden. Funktionsübergreifende Warengruppen-Teams werden zum Beispiel schon seit Jahrzehnten propagiert (Rüdrich et al. 2016). Diese können sowohl im Projekt- als auch im Serieneinkauf von der Strategie bis zur operativen Beschaffung angelegt sein. Selbst in den einzelnen Phasen des Einkaufsprozesses können Teams, insbesondere aus Bedarfsträger und Einkauf zu besseren Ergebnissen führen. Sei es bei der Entwicklung von Spezifikationen, der Auswahl von Lieferanten mit gemeinsamer Marktrecherche oder auch in funktionsübergreifenden Verhandlungsteams. Selbst für eine engere Kooperation mit Lieferanten sind agile Teams grundsätzlich geeignet – bleiben jedoch immer unter dem Vorbehalt unterschiedlicher Interessenslagen. Anders gesagt: Will der Einkauf seine oft einseitige Kostenorientierung und das Image als „Compliance-Fanatiker" verändern, ist die proaktive Öffnung und Vergemeinschaftung der Einkaufsarbeit im Sinne agiler Teams mit Bedarfsträgern, Forschungs- oder Vertriebsabteilung sicher ein guter Ansatz. Auch sich stärker in erweiterte Aufgaben einzubringen, die bisher nicht dem Einkauf zugerechnet wurden z. B. dem Innovationsmanagement, kann nur dann funktionieren, wenn der Einkauf seine Stakeholder-Beziehungen durch Teamorientierung verbessert. Das erfordert jedoch eine neue Denkweise, eine positiv-konstruktive Ausrichtung – und ggf. agile Teams (siehe zusammenfassend Abb. 4.3).

Im Gesamtblick zeigt sich, dass Agilität ein zentraler Erfolgsfaktor für moderne Einkaufsorganisationen ist und zumindest in Grundzügen eine Voraussetzung für den Einsatz agiler Methoden dargestellt. Der dafür erforderliche

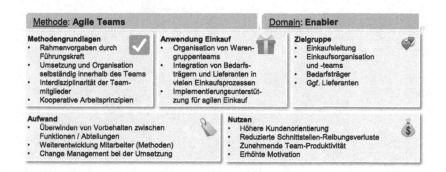

Abb. 4.3 Methoden-Canvas Light „Agile Teams im Einkauf"

Kulturwandel muss umfassend sein. Das kann aber nicht als Begründung dienen, diesen Weg nicht einzuschlagen. Im nächsten, abschließenden Kapitel, werden daher Möglichkeiten aufgezeigt, die Entwicklung trotz aller Herausforderungen strukturiert voranzutreiben.

Übersicht
- New Work umschreibt eine weitreichende neue Denkweise für Arbeit im Zeitalter der Digitalisierung, die auch für den Einkauf relevant ist
- Agile Führung ist ein Führungskonzept, das im Einkauf einen Kulturwandel erfordert und somit die Einführung agiler Methoden erleichtert
- Die Arbeit in Teams ist im Einkauf bereits heute üblich, mehr Kundenorientierung und Selbstorganisation werden aber durch die Agilität wesentlich wichtiger

Schlussbetrachtung Agiler Einkauf 5

Nach Betrachtung zentraler Konzepte wird zunächst eine kritische Reflexion zum „agilen Einkauf" vorgenommen, gefolgt von einer übersichtlichen Systematisierung sowie abschließenden Handlungsempfehlungen.

5.1   Zusammenfassende Analyse

Ziel des Buches war einen Überblick über agile Methoden und begleitende Konzepte zu verschaffen. Spezifische Anwendungspotenziale im Einkauf sollten herausgearbeitet werden. Dafür betrachtete Kap. 1 die Themengebiete Einkauf im Hinblick auf Projektmanagement, dann auf Agilität, zunächst allgemein. Mit den „Agilen Clustern" (Zeit, Ergebnis, Innovation) wurde zudem ein Strukturierungsansatz entwickelt. Diese wurde in der Folge genutzt, um wesentliche Methoden vorzustellen. So wurden in Kap. 2 Scrum und KANBAN behandelt, zwei gängige agile Projektmanagementtechniken, die in zahlreichen Einkaufsprozessen zum Tragen kommen können. Die in Kap. 3 vorgestellten Konzepte dienen dem Ziel der Innovation, zunächst eher grundsätzlich wie bei „Design Thinking" oder „Lean Startup", in der Folge mit der Business Model Canvas sowie Visualisierung und Storytelling eher umsetzungsbezogen. Eine Nutzung im Einkauf kommt dabei sowohl im objektbezogenen (z. B. Produktentwicklung) als auch im organisationsbezogen Umfeld (z. B. Einkaufstransformation) infrage. Mit „New Work", agiler Führung sowie entsprechenden Teams wurden im anschließenden Kap. 4 gängige Ansätze für Agilität in Organisationen vorgestellt. Dabei wurde klar, dass für den erfolgreichen umfassenden Einsatz agiler Methoden im Einkauf ein erheblicher Kulturwandel erforderlich sein dürfte. Allerdings liegen bereits in einem selektiven oder schrittweisen Vorgehen erhebliche Potenziale.

Nicht alle der vorgestellten Konzepte sind demnach zwingend einzusetzen, um eine Organisation wie den Einkauf agil zu gestalten. Vielmehr sind
bestehende Ansätze je nach vorliegendem „Problem" gezielt um agile Aspekte
zu erweitern. Zur Auswahl des jeweils passenden Ansatzes wird oft die Nutzung
der sogenannten „Stacey Matrix" empfohlen (Stacey 2002). Nach dieser bzw.
entsprechenden Adaptionen sind klassische Managementmethoden vor allem
für klar definierte Anforderungen (Vertikalachse) und etablierte Lösungs-
optionen (Horizontalachse) geeignet. Übertragen auf den Einkauf bedeutet das,
die (internen) Anforderungen (der Bedarfsträger) den marktseitig vorhandenen,
externen Lösungen (als z. B. Beschaffungsobjekte) gegenüberzustellen. Das
nachfolgende Bild greift dieses einkaufsbezogene Verständnis auf und ordnet die
vorgestellten Methoden *indikativ* ein (Abb. 5.1).

Die Zuordnung der Methoden ist dabei primär als visuelle Unterstützung
gedacht, nicht als präziser Maßstab. Wie eingangs erwähnt sind strikte
Abgrenzungen und Einsatzbereiche im Grundgedanken der Agilität nicht vorgesehen. Ein entsprechend flexibler Umgang ist in der Fachliteratur festzustellen. Demnach war es nicht Ziel dieses Buches, eine solche Trennschärfe zu
generieren, eine vollständige Betrachtung zu beanspruchen oder gar empirisch
abzusichern. Vielmehr sollte eine übersichtliche, pragmatische Arbeitshilfe zur
Annäherung an agile Methoden im Einkauf geschaffen werden. Im nächsten
Abschnitt sind hierzu noch einige Hinweise zur Herangehensweise bei der Einführung formuliert.

5.2   Reifegradsystematik für den agilen Einkauf

Schon bei der Analyse wurde klar, dass der Einsatz agiler Methoden einen
umfassenden Wandel für viele Einkaufsorganisationen bedeuten dürfte. Ähnlich
wie Digitalisierung kein reines IT-Thema ist, ist Agilität weit mehr als ein Bündel
bestimmter Methoden. Vielmehr ergibt sich ein Gesamtbild von Zielsetzungen,
Strategien und Handlungsfeldern, deren ganzheitliche Kombination erst die voll-
ständigen Erfolgspotenziale ermöglicht. Zur Strukturierung solcher Gesamtbilder
von Organisationen werden, auch im Einkauf, gerne Reifegradmodelle eingesetzt
(Heß 2015). Aufgebaut über mehrere Dimensionen und Reifegradstufen wird mit
diesen der Handlungsbedarf für eine Organisationstransformation fokussiert her-
geleitet und transparent analysiert.

Für den „Einkauf 4.0" existiert ein solches Modell (Kleemann und Glas 2020),
ebenso wie für Agilität (Meredith und Francis 2000). Diese sind konzeptionell
auf einen agilen Einkauf übertragbar. Dabei wird in einer ersten Dimension

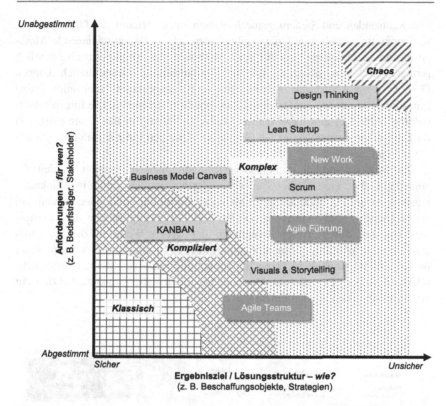

Abb. 5.1 Einsatzfelder agiler Einkaufsmethoden. (Quelle: eigene Darstellung mit Bezügen zu Stacey 2002; sowie Bohinc 2019)

(Strategie) überprüft, inwieweit Agilität und deren Methoden im Zielbild des Einkaufs verankert und mit der Herangehensweise des Gesamtunternehmens abgeglichen ist. Eine klare Roadmap zur Einführung der Agilität ist ein weiteres Kriterium. In der nächsten Prüfdimension *Leadership* gilt das Augenmerk einer Integration agiler Führungsprinzipien (siehe Kap. 4). Dies gilt gleichermaßen für die Gestaltung der Einkaufsabteilung sowie deren funktionsübergreifenden Stakeholder-Beziehungen. Ob der Einkauf hinreichend in Aufgaben der Produktentwicklung integriert ist, wird mithilfe der *Produkte*-Kategorie betrachtet. Die für viele Konzepte so wichtige Kunden- bzw. Bedarfsträgerorientierung sowie Einbindung der Lieferanten wird für die *Netzwerk*-Dimension analysiert. Im Cluster *„Personal"* wird die spezifische Einbindung und Weiterentwicklung bzw. Qualifikation der Mitarbeiter bewertet. Für den Bereich *„Governance"*

sind Kennzahlen und Steuerungsmechanismen sowie dynamische Organisations-
strukturen im Hinblick auf die Agilität vorgesehen. Die abschließende Mess-
dimension „Technologie" hat für agile Methoden eine vergleichsweise deutlich
geringere Relevanz als z. B. für die Digitalisierung. Grundsätzlich können
IT-Tools sowie spezifische Arbeitsmittel (z. B. ausgestattete Innovation Labs)
zum Einsatz kommen – und so einen „best practice" definieren. Die folgende Darstellung (Abb. 5.2) gibt dabei eine indikative Einteilung in fünf Stufen vor, von
der Einkaufsorganisation gänzlich ohne agile Methoden hin zur vollumfänglichen
„Exzellenz".

Das Reifegradmodell muss dabei nicht „dogmatisch" genutzt werden. Es
ermöglicht aber eine einfache erste Standortbestimmung, wo eine Einkaufsorganisation im Hinblick auf agile Methoden steht. Vor allem aber werden, bei
entsprechender Zielsetzung, direkt Hinweise gegeben, welche Gestaltungsmöglichkeiten zur stärkeren Integration der agilen Werte in die Einkaufsarbeit bestehen. Selbst wenn eine ganzheitliche, strukturierte Roadmap sicher
im Gesamtbild sinnvoll ist, kann die Umsetzung einzelner Methoden durchaus
selektiv erfolgen. Der nächste Abschnitt behandelt daher konkrete Schritte zur
Annäherung an den „agilen Einkauf".

Traditionell	Beginner	Etabliert	Experte	Exzellenz
Klassisches Management	Selektiver Agiler Einkauf	Fundierter Agiler Einkauf	Umfassender Agiler Einkauf	Vollständiger Agiler Einkauf

1. Strategie	Formuliertes Zielbild und Strategie mit Umsetzungs-Roadmap, angeglichen ans Unternehmen
2. Leadership	Agile Führungskonzepte sind innerhalb des Einkauf und crossfunktional implementiert
3. Produkte	Vollumfängliche Integration Einkauf in Produktentwicklung; differenziertes Objektportfolio
4. Operations	Definierte Methoden-Einsatzbereiche je Einkaufsprozessschritt mit integrierter Flexibilität
5. Netzwerk	Explizite Bedarfsträger- und Stakeholderorientierung; gezielte Lieferanteneinbindung
6. Personal	Auf- und Ausbau Methodenwissen; Vielseitigkeit und Flexibilität als Kernwerte
7. Governance	Dynamische Strukturen; Agilität in Kennzahlensystem integriert, Sicherstellung Compliance
8. Technologie	Unterstützende Informationssysteme; (Daten, Kommunikation, Methoden); Creative Workspaces

Abb. 5.2 Reifegradmodell „Agiler Einkauf". (Quelle: eigene Darstellung, mit Bezügen zu
Azhari et al. 2014; Kleemann und Glas 2020)

5.3   Handlungsempfehlungen und Ausblick

Die vorhergehenden Ausführungen haben gezeigt, wie vielfältig die Einsatz-bereiche agiler Methoden im Einkauf sind. Es wurde aber ebenfalls deutlich, dass eine umfassende Transformation im Bereich Kultur, Führung und Teamarbeit erforderlich ist, um die Vorteile vollumfänglich zu realisieren. Gleichzeitig birgt schon der Einsatz einzelner Methoden attraktive Potenziale. Ein überlegtes Vorgehen ist dabei aber in jedem Fall einer reinen „PR-Aktion" im Sinne von „der Einkauf ist jetzt agil" vorzuziehen. Folgende Phasen und Schritte sind dafür empfohlen (siehe dazu auch Kleemann und Glas 2020; sowie Komus und Kassner 2019, zusammenfassend Abb. 5.3):

1. **„Fundament"**: Zunächst muss sichergestellt sein, dass alle Beteiligten – Einkaufsleiter ebenso wie Mitarbeiter – ein Grundverständnis der Agilität entwickeln. Für die Einordnung der Initiative zur Einführung der Agilität ist zudem wichtig, die Ziele und Strategie des Gesamtunternehmens in diesem Themenfeld zu berücksichtigen. Diese Basis ermöglicht es, eine grundlegendes Ziel- und Leitbild für den „agilen Einkauf" zu entwickeln.

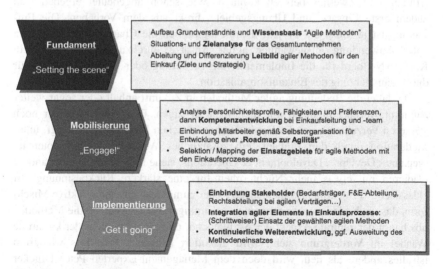

Abb. 5.3 Vorgehen „Agiler Einkauf". (Quelle: eigene Darstellung, mit Bezügen zu Kleemann und Glas 2020; sowie Komus und Kassner 2019)

2. **„Mobilisierung":** Die Einführung agiler Methoden ist wesentlich von der Einbindung der richtigen Personen abhängig – eine gezielte Kompetenzanalyse und -entwicklung ist daher essentiell. Schon die Entwicklung eines ersten Handlungsplans („Roadmap") zur Einführung kann und sollte man in die Hände der Mitarbeiter legen. Das umfasst zudem die Priorisierung der Einsatzbereiche. Eine „top-down"-Vorgabe dagegen stünde im Konflikt zu den agilen Prinzipien!

3. **„Implementierung":** Die Implementierung wäre ebenso mit einem agilen Ansatz zu initiieren: die crossfunktionale Abstimmung mit anderen Stakeholdern. Erst dann kann man die Elemente wirklich sinnvoll in die ausgewählten Beschaffungsprozesse integrieren – bevorzugt unter Nutzung entsprechender Konzepte. Eine schrittweise Ausweitung unter ständiger Berücksichtigung aktueller Lerneffekte rundet eine nachhaltig erfolgreiche Einführung agiler Methoden im Einkauf ab.

Immer noch herrscht bei vielen Einkäufern große Unsicherheit (Holschbach et al. 2020) zum richtigen Startpunkt einer Einführung (wer? was? wann?). Dabei sollte man sich jedoch zunutze machen, dass wie eingangs des Buches erwähnt, keine abschließende Abgrenzung und Definition existiert, auf die sich Kritiker und Zweifler berufen könnten. Wie schon angedeutet ergeben sich zudem erste Einsatz- und Übungsgebiete direkt aus dem Vorhaben: Die Einführung ist ja selbst ein Projekt. Damit ergibt sich die Chance, die Umsetzung unter Anwendung ausgewählter agiler Ansätze durchzuführen – z. B. ein KANBAN-Board für die Implementierungssteuerung oder Design Thinking für die Neuausrichtung der Einkaufsorganisation.

Ob dabei die Bedeutung agiler Methoden in Zukunft anhält oder sogar weiter zunimmt, vermag niemand mit Sicherheit zu sagen. Einige sehen in der noch stärkeren Verzahnung von F&E mit den betrieblichen Kernfunktionen, ggf. unter Moderation durch den Einkauf, ein zusätzliches Weiterentwicklungspotenzial (genannt „DevOps", Development & Operations, siehe Rau 2016). Wieder andere plädieren mit etwas mehr Nüchternheit für eine stärkere Rückbesinnung auf „klassische" Projektmanagementansätze oder zumindest auf eine selektive Mischform, das „hybride Projektmanagement" (Timinger 2017). Auch ob die Methoden überhaupt der zentrale Aspekt der Agilität sind, und nicht vielmehr der kulturelle Wandel im Vordergrund steht, wird diskutiert (Slogar 2019). Das wiederum ist alles andere als neu, wird doch dem Management-Experten Peter Drucker schon in den frühen 2000er-Jahren das Zitat „culture eats strategy for breakfast" zugeschrieben.

Letztendlich kommt es für Einkaufsorganisationen nicht darauf an, agile Methoden zu nutzen oder zwanghaft die entsprechende Kultur zu adaptieren, nur um an einem „Hype" zu partizipieren. Vielmehr kann der zielgerichtete und an die jeweilige Unternehmenskultur angepasste Einsatz ein wesentlicher Treiber sein, den Einkauf in der seit Jahrzehnten angestrebten strategischen Repositionierung zu unterstützen.

Übersicht

- Agile Methoden mit unterschiedlichen Einsatzfeldern, je nach Komplexität und Unsicherheit des Projektes bzw. Prozesses
- Ein Reifegradmodell hilft, die Veränderungsbedarfe hin zu einer agilen Einkaufsorganisation strukturiert zu identifizieren
- Die Einführung agiler Methoden sollte im Einkauf in einem mehrstufigen Vorgehen erfolgen

Was Sie aus diesem *essential* mitnehmen können

- Agile Methoden legen weniger wert auf klare Definitionen und Abgrenzungen als auf Dynamik und Kreaitivität. Entsprechende Freiräume sollten gezielt genutzt werden.
- Projektmanagement, Innovation und Organisationskultur sind zentrale Felder der agilen Methoden mit durchgängigem Anwendungspotential im Einkauf.
- Die Kernaufgaben des Einkaufs ändern sich durch agile Methoden kaum – wohl aber die Art der Aufgabenwahrnehmung.
- Agilität als Wert samt der dazugehörigen Konzepte bieten dem Einkauf die Chance, eine Vorreiterrolle bei der Weiterentwicklung gesamter Unternehmen zu übernehmen.

© Der/die Herausgeber bzw. der/die Autor(en), exklusiv lizenziert durch
Springer Fachmedien Wiesbaden GmbH, ein Teil von Springer Nature 2020
F. C. Kleemann, *Agiler Einkauf,* essentials,
https://doi.org/10.1007/978-3-658-31942-7

Literatur

Arnold, U. (1997): Beschaffungsmanagement. 2. Aufl. Stuttgart: Schäffer-Poeschel.

Azhari, P.; Faraby, N.; Rossmann, A.; Steimel, B.; Wichmann, K. S. (2014): Digital Transformation Report. Hg. v. Neuland und Wirtschaftswoche. Köln, Düsseldorf.

Bär, C.; Fiege, J.; Weiß, M. (2017): Anwendungsbezogenes Projektmanagement. Berlin: Springer.

Beck, K. et al. (2001): Manifesto for Agile Software Development. Online verfügbar unter http://agilemanifesto.org.

Birou, L. M.; Fawcett, S. E. (1994): Supplier Involvement in Integrated Product Development. In: International Journal of Physical Distribution & Logistics Management 24 (5), S. 4–14.

Bohinc, T. (2019): Grundlagen des Projektmanagements. 7. Aufl. Offenbach: Gabal.

Boyatzis, R. E. (1998): Transforming Qualitative Information. Thousand Oaks: Sage.

Brechner, E. (2015): Agile Project Management with Kanban. Redmond: Microsoft Press.

Brommer, D.; Hockling, S.; Leopold, A. (Hg.) (2019): Faszination New Work. Wiesbaden: Springer Gabler.

Büsch, M. (2013): Praxishandbuch Strategischer Einkauf. Dordrecht: Gabler.

Cohn, M. (2010): Agile Softwareentwicklung. München: Pearson.

Diekmann, K.; Fröhlich, E. (2016): Agile Belegschaft im Einkauf In: R. Bogaschewsky, M. Eßig, R. Lasch und W. Stölzle (Hg.): Supply Management Research. Aktuelle Forschungsergebnisse 2015. Wiesbaden: Springer, S. 231–255.

Essig, M.; Amann, M. (2009): Supplier satisfaction. In: Journal of Purchasing & Supply Management 15 (2), S. 103–113.

Ettlie, J. E.; Reza, E. M. (1992): Organizational Integration and Process Innovation. In: Academy of Management Journal 35 (4), S. 795–827.

Fernandez, D. J.; Fernandez, J. D. (2008): Agile Project Management: Agilism versus Traditional Approaches. In: Journal of Computer Information Systems 49 (2), S. 10–17.

Friedmann, J. (2019): Storytelling: Einführung in Theorie und Praxis narrativer Gestaltung. Stuttgart: UTB GmbH.

Fröhlich, E.; Karlshaus, A. (2017): Status quo: Personalentwicklung in der Beschaffung. In: E. Fröhlich und A. Karlshaus (Hg.): Personalentwicklung in der Beschaffung. Berlin: Springer, S. 1–26.

Fuchs, M.; Messner, J.; Sok, R. (2018): Leadership in a VUCA World: The Jedi Path to Agile Mastery: Haufe.

Giesecke + Devrient (2019): Von der Strategie zum Einkauf 4.0. Online verfügbar unter https://www.youtube.com/watch?v=pc3uwtS4m5M, zuletzt geprüft am 13.05.2020.

Gloger, B. (2016): Scrum: Produkte zuverlässig und schnell entwickeln. München: Hanser.

Hackl, B.; Wagner, M.; Attmer, L.; Baumann, D.; Zünkeler, B. (2017): New Work: Auf dem Weg zur neuen Arbeitswelt. Wiesbaden: Springer.

Hartel, D. H. (2019): Agiles Projektmanagement in Logistik und Supply Chain Management. In: D. H. Hartel (Hg.): Projektmanagement in Logistik und Supply Chain Management. 2. Aufl. Wiesbaden: Springer, S. 127–146.

Hayward, S. (2018): The Agile Leader: How to Create an Agile Business in the Digital Age. London: Kogan Page.

Heß, G. (2015): Reifegradmanagement im Einkauf. Wiesbaden: Springer.

Hillberg, K. (2017): Projektmanagement im Einkauf. Wiesbaden: Springer.

Hofert, S. (2016): Agiler führen. Wiesbaden: Springer.

Holschbach, E.; Theissen, J.-H.; Wilde, A. (2020): Agilität im Einkauf 2020. Voraussetzung für Innovation. Hg. v. BMÖ. Meschede, Berlin.

Hülsbömer, D. (2020): New Procurement.In: Best in Procurement 11 (3), S. 50–51.

Kabelbrand Kommunikation (2018): 11 Beispiele für erfolgreiches Storytelling. Online verfügbar unter https://www.kabelbrand.de/storytellingbeispiele/, zuletzt geprüft am 07.05.2020.

Kleemann, F. C.; Glas, A. H. (2020): Einkauf 4.0. Digitale Transformation der Beschaffung. 2. Aufl. Wiesbaden: Springer.

Kleemann, F. C.; Maier, C. (2019): Einkauf 4.0 bei Giesecke + Devrient. Digitalisierung im Einkauf. In: Beschaffung Aktuell 66 (9), S. 18–21.

Kolko, J. (2015): Design Thinking Comes of Age. In: Harvard Business Review 93 (9), S. 66–71.

Komus, A.; Kassner, M. (2019): Agiler Einkauf 2018. Koblenz.

Komus, A.; Kuberg, M. (2020): Status Quo (Scaled) Agile 2019/20. Hg. v. BPM Labor Hochschule Koblenz. Koblenz.

Krause, D. R.; Scannell, T. V.; Curkovic, S. (2001): Toward a measure of competitive priorities for purchasing. In: Journal of Operations Management 19 (4), S. 497–512.

Kusay-Merkle, U. (2018): Agiles Projektmanagement im Berufsalltag. Berlin: Springer.

Langmann, C. (2019): Digitalisierung im Controlling. Wiesbaden: Springer.

Lebuhn, S. (2017): Innovative Methoden im Einkauf. In: Beschaffung Aktuell 64 (12), S. 34–36.

Legenvre, H.; Gualandris, J. (2018): Innovation sourcing excellence: Three purchasing capabilities for success. In: Business Horizons 61 (1), S. 95–106.

Lindner, D.; Amberg, M. (2019): Ist Agilität Voraussetzung oder Folge einer zielgerichteten Digitalisierung? In: Industrie Management 35 (4), S. 30–34.

Mack, O. J.; Khare, A. (2016): Perspectives on a VUCA World. In: O. J. Mack, A. Khare, A. Krämer und T. Burgartz (Hg.): Managing in a VUCA World. Cham: Springer, S. 3–19.

Makkonen, H.; Vuori, M.; Puranen, M. (2016): Buyer attractiveness as a catalyst for buyer–supplier relationship development. In: Industrial Marketing Management 55 (5), S. 156–168.

Meredith, S.; Francis, D. (2000): Journey towards agility. In: The TQM Magazine 12 (2), S. 137–143.

Müller, H. E. (2017): Unternehmensführung: Strategie - Management - Praxis: De Gruyter.

Oebbeke, A. (2016): Digitalstrategie der Vaillant Group. Online verfügbar unter https://www.baulinks.de/webplugin/2016/0573.php4, zuletzt geprüft am 07.05.2020.

Osterwalder, A.; Pigneur, Y. (2011): Business Model Generation: Ein Handbuch für Visionäre, Spielveränderer und Herausforderer. Frankfurt: Campus Verlag.

Rau, K. H. (2016): Agile objektorientierte Software-Entwicklung. Wiesbaden: Springer.

Ries, E. (2014): Lean Startup. München: REDLINE Verlag.

Rosetti, C. L.; Choi, T. Y. (2005): On the dark side of strategic sourcing. In: Academy of Management Executive 19 (1), S. 46–60.

Rüdrich, G.; Meier, A. E.; Kalbfuß, W. (2016): Materialgruppenmanagement. 3. Aufl. Wiesbaden: Gabler.

Sauter, R.; Sauter, W.; Wolfig, R. (2018): Agile Werte- und Kompetenzentwicklung. Berlin: Springer.

Schallmo, D. R. A. (2018): Jetzt Design Thinking anwenden. Wiesbaden: Springer.

Scheller, T. (2017): Auf dem Weg zur agilen Organisation. München: Vahlen.

Schiele, H. (2010): Early supplier integration: the dual role of purchasing in new product development. In: R&D Management 40 (2), S. 138–153.

Schuh, C.; Kromoser, R.; Strohmer, M. F.; Pérez, R. R.; Triplat, A. (2011): Der agile Einkauf. Wiesbaden: Gabler.

Schulz-Rohde, S. (2019): Netzwerken für Einkäufer. In: Beschaffung Aktuell 66 (11), S. 2.

Schupp, F.; Wöhner, H. (2018): Ansatzpunkte für Digitalisierung im Gestaltungsbereich des Einkaufs. In: F. Schupp und H. Wöhner (Hg.): Digitalisierung im Einkauf. Wiesbaden: Springer, S. 1–10.

Simschek, R.; Kaiser, F. (2019): Design Thinking. München: UVK Verlag.

Sinek, S. (2009): Start with Why. New York: Portfolio Penguin.

Slogar, A. (2019): Was kommt nach der Agilität? Hg. v. Computerwoche. Online verfügbar unter https://www.computerwoche.de/a/was-kommt-nach-der-agilitaet,3547971,2, zuletzt geprüft am 06.05.2020.

Slogar, A. (2020): Die agile Organisation. 2. Aufl. München: Hanser.

Stacey, R. D. (2002): Strategic management and organisational dynamics. 3. Aufl. Harlow: Prentice Hall.

Stjernström, S.; Bengtsson, M. (2004): Supplier perspective on business relationships. In: Journal of Purchasing and Supply Management 10 (3), S. 137–146.

Timinger, H. (2017): Modernes Projektmanagement. Weinheim: Wiley.

Watts, C. A.; Kim, K. Y.; Hahn, C. K. (1992): Linking Purchasing to Corporate Competitive Strategy. In: International Journal of Purchasing and Materials Management 31 (2), S. 2–8.

Weenk, E. (2019): Mastering the Supply Chain. London: Kogan Page.

Weiss, A. (2016): Sketchnotes & Graphic Recording. Heidelberg: dpunkt.verlag.

Zaremba, B. W.; Bode, C.; Wagner, S. M. (2017): New venture partnering capability. In: Journal of Supply Chain Management 53 (1), S. 41–64.

Zillmann, M. (2019): Scalable Agility. Hg. v. Lünendonk GmbH. Mindelheim.

Zink, K. J. (2019): Arbeit und Organisation im digitalen Wandel: Nomos Verlag.

Bei der Erstellung der Abbildungen wurden u. a. unterstützend genutzt

Emojis für BMC: http://emojiterra.com/de/
PPT-Vorlagen für Arbeitshilfen: http://slidehunter.com/

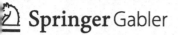

Printed in the United States
By Bookmasters